지식에 투자하는 것이
여전히 최고의 수익을 낳는다.
벤자민 프랭클린

사람들이 대개 기회를 놓치는 이유는
기회가 작업복 차림의 일꾼 같아 일로 보이기 때문이다.

토마스 A. 에디슨

인생이 끝날까 두려워하지 마라.
당신의 인생이 시작조차 하지 않을 수 있음을 두려워하라.
그레이스 한센

대중을 꿰뚫어보고 진실을 찾아낼 수 있다면
엄청난 성과를 거둘 수 있을 것이다.

필립 피셔

미래의 부를 위한
투자 공부

미래의 부를 위한 투자 공부

펴낸날 2022년 8월 30일 1판 1쇄

지은이_신진상
펴낸이_김영선
책임교정_이교숙
교정교열_정아영, 남은영, 이라야, 나지원
경영지원_최은정
디자인_바이텍스트
마케팅_신용천

펴낸곳 (주)다빈치하우스-미디어숲
주소 경기도 고양시 일산서구 고양대로632번길 60, 207호
전화 (02) 323-7234
팩스 (02) 323-0253
홈페이지 www.mfbook.co.kr
이메일 dhhard@naver.com (원고투고)
출판등록번호 제 2-2767호

값 17,800원
ISBN 979-11-5874-160-0 (03320)

NFT, 메타버스, 블록체인이 바꾸는
돈의 미래에서 기회를 잡아라

미래의 부를 위한
투자 공부

신진상 지음

미디어숲

메타버스, NFT를 기술이 아닌
'문화'로 인식해야 돈이 보인다!

최근 대한민국에서 가장 많이 회자되는 단어는 가상세계를 뜻하는 '메타버스'와 대체 불가능한 토큰을 이르는 'NFT[Non-Fungible Token]'입니다. 메타버스와 NFT가 다른 화제를 모두 빨아들이고 있는데, 그중에서도 NFT에 관한 관심이 뜨겁습니다. NFT는 한마디로 '디지털 세계의 소유권 증명서'라고 할 수 있지요.

NFT 게임을 가장 먼저 선보였던 위메이드와 NFT 관련 공시 하나만으로 상한가를 기록했던 엔씨소프트를 포함해 거의 모든 게임 업체와 하이브, SM, JYP 등 엔터테인먼트 업체까지 NFT를 위한 마켓플레이스를 만들겠다며 나섰습니다.

메타버스라는 호랑이 등에 올라탄 NFT는, 예술가들은 배고파야 창의성이 나온다는 기존의 낡은 내러티브를 허물고 돈과 예술적 영감이 공존할 수 있음을 보여 줍니다. 또한 새로운 비즈니스 모델 찾기에 혈안이 되어 있는 CEO들에게도 영감의 원천이 되고 있습니다. 카카오톡은 골프장 부킹권을 NFT화하겠다고 했죠. 세상은 우리가 이해하는 속도보다 훨씬 빨리 변화하고 있습니다.

세상이 얼마나 빨리 변화하는지, 그리고 그 속에서 어떻게 살아남을 수 있는지 보여 주는 것이 '크립토펑크CryptoPunks'입니다. 2017년 소프트웨어 개발자 두 명이 6,039명의 남성과 3,840명의 여성으로 이루어진 1만 디지털 화소 캐릭터를 만들었는데 언뜻 보기에 비슷해 보이는 이 캐릭터들은 1만 개가 모두 다른 모습을 지니고 있습니다. 이것이 이더리움 기반 NFT의 시초입니다. '마스크 쓴 크립토펑크'라는 이름의 마치 애들 장난 같은 이미지 파일 하나가 경매에서 130억 원에 팔리는 세상입니다. 크립토 아트의 선구자인 해커타오 형제의 말처럼 '모두가 즐기지만 소유권은 단 한 사람에게만 주어지는' 기술과 문화의 완벽한 결합 덕분에 가능해진 일이죠.

이는 유행을 좇으면서도 개성을 추구하는 MZ세대의 문화와도 상통합니다. 물론 이런 비판도 가능합니다. "「모나리자」그림은 아름답기라도 하지, 도대체 크립토펑크에는 무슨 가치가 있을까?" 그런데 이는 '가치'와 '가격'을 혼동해서 발생하는 오류이기도 합니다. 가치는 시대를 초월해 고정되어 있는 것이 아닙니다. 가치는 늘 변화하며, 이 변화가 가치를 만드는 것이지, 가치가 변화를 만드는 것은 아닙니다. 많은 사람이 가치를 부여했기 때문에 NFT의 몸값이 올라간 것입니다.

NFT를 부정한다고 해서 그것이 없던 시절로 되돌아갈 수도 없습니다. 중요한 건 변화하는 세상에 빨리 적응하고 그 변화를 자신의 기회로 만드는 일이지요. 시대의 변화를 알려주는 문화를 읽고 그 변화에 자신을 맞춰야 합니다. 이제 차세대 먹거리는 K반도체도 아니고 K배터리도 아닌 'K컬처'입니다. 물론 NFT 시장에는 국경이 없습니다. 오직 문화를 사랑하고 즐기는 사람들의 마음이 새로운 문화를 찾고, 그 새로운 문화에 사람들의 돈과 관심이 몰리면서 이윤을 창출하는 중입니다.

비트코인이 처음 세상에 나올 때만 해도 비트코인 1만 개로 피자 두 판을 시켜 먹었습니다. 개발자를 제외한 첫 번째 비트코인 소유자는 비트코인 거래 시장이 열리고 가격이 조금 오르자 400달러에 비트코인 1만 개를 팔아버렸습니다. 당시 그는 피자 두 판을 400달러에 팔았으니 엄청나게 남는 장사라고 희희낙락했을 겁니다. 그러나 지금은 땅을 치고 후회하겠죠. 당시 그가 받은 1만 개를 2021년 11월까지 가지고 있었다면 그 시가 총액이 8,000억 원에 달합니다.

크립토펑크도 처음에는 무료로 공개돼 인터넷에서 누구나 다운로드받을 수 있었습니다. 하지만 지금은 개당 수억 원에 팔리고 있으니 개발사인 라바랩스^{Larva Labs}는 물론, 수만 달러에 사서 수십만 달러에 파는 컬렉터들도 어마어마한 돈방석에 앉게 되었지요.

변화를 예측하고 미리 움직인 사람들과 그렇지 못한 사람들 간의 격차는 어마어마하게 큽니다. 앞날을 예측한다는 것은 힘든 일이지만, 변화에 민감하게 반응하는 것은 중요합니다. 크립토펑크를 130억 원에 산 사람은 이 디지털 파일을 그 이상 가격으로 팔 확신이 있었으니 구매했겠죠. 그림에 대한 확신이 아니라 변화에 대한 확신이 그의 지갑을 열었을 겁니다.

이러한 변화는 우리 곁에 이미 와 버린 미래입니다. 메타버스 시대는 가상세계를 현실보다 더 소중히 여기는 새로운 인류, '메타 사피엔스'를 만들었습니다. 세계 최고의 SNS를 보유한 기업이 왜 누구나 아는 서비스명인 '페이스북' 대신 '메타플랫폼스'라는 새로운 기업명을 채택했을까요? 메타버스와 NFT는 왜 그렇게 사람들의 마음을 사로잡은 걸까요? 바로 그것은 기술이기 전에 '문화'이기 때문입니다.

NFT 시장에서 아티스트와 컬렉터는 끊임없이 상호작용하면서 기존 SNS의 익숙함에 문화와 기술의 융합이라는 새로움을 만들어내고 있습니다. 투자를 한다면 미래 문화를 선도하는 기업과 상품에 해야 합니다. 그러기 위해서는 문화를 반드시 알아야 합니다. 또 문화를 알아야 제대로 된 투자를 할 수 있습니다. 그리고 문화는 투자를 가장 쉽게 공부하는 방법이기도 합니다. 일단 재미가 있으니까요. 문화를 알면 즐기면서 투자할 수 있습니다. 공자의 말대로 그 무엇도 즐기면서 하는 투자자를 이기지 못합니다.

저는 15년 넘게 미국 주식을 비롯해 다양한 자산에 투자를 진행하며 1만 권 이상의 책을 탐독해 왔습니다. 자산관리사 자격증을 취득하고 주식은 물론 채권, 선물, 옵션, 부동산 등 다양한 금융 상품과 비금융 상품에 대한 전문 지식도 확보했습니다. 이에 문화의 시각에서 투자를 가장 쉽고 재미있게 설명할 수 있겠다는 생각에 이 책을 쓰게 됐습니다.

전작인 『슈퍼리치들에게 배우는 돈 공부』의 후속인 이 책은 주식, 부동산, 메타버스, 비트코인, NFT 등을 넘나들며 투자에서 꼭 알아야 할 '문화에 관한 지식'을 전하고자 합니다.

심리학 실험 결과에 따르면, 우리는 과거나 현재보다 평균 3배 이상 미래를 더 많이 생각한다고 합니다. 그런데 미래를 알기 위해서는 과거를 제대로 이해해야 합니다. 지금 존재하는 것의 가치는 지나온 세월을 통해 가치가 축적되면서 형성된 것이기 때문이지요.

화폐의 탄생과 자본주의의 역사를 알아야 합니다. 또한 20세기 이후 세계 질서를 만들어 온 제2차 세계대전의 결정적 두 주인공인 히틀러와 스탈린 그리고 미국의 패권 추구에 대해서도 투자자의 관점에서 볼 줄 알아야 합니다. 중앙집권주의와 탈중앙을 넘어선 무정부주의와의 갈등이 다시 한번 재현되는 것을 알게 되면 비트코인의 현재와 미래를 이해하는 데 큰 통찰력을 얻을 수 있습니다.

20세기 초에 발견된 양자역학과 그 산물인 평행우주 또한 메타버스의 탄생에 공헌했습니다. 반면 희대의 금융 천재이자 사기꾼인 존 로와 달나라 땅을 판 미국의 봉이 김선달 이야기는 사소한 이야기처럼 들리지만, 미래를 바라보는 투자자는 꼭 알아두어야 할 역사적 사실들입니다.

역사에 대한 공부를 하면 미래와 인간을 동시에 공부할 수 있습니다. 문학은 지금까지 나온 모든 문화 가운데 가장 강렬하게 시대와 상호작용하며 스토리텔링을 해 온 장르입니다. 2021년 투자자들이 메타버스와 NFT에 열광할 때 최고의 인기를 끈 문학작품도 김초엽과 이미예 작가의 SF 판타지 소설이었죠. 몇 년 전까지만 해도 SF의 불모지였던 우리나라의 엄청난 변화라고 할 수 있습니다. 세계 최고의 부자인 일론 머스크와 제프 베이조스도 사업의 아이디어를 SF소설에서 얻는다고 합니다. '메타버스'라는 용어도 닐 스티븐슨이 30년 전에 쓴 SF소설 『스노 크래시』에 처음으로 등장합니다. 문학을 즐길 줄 아는 투자자는 미래를 내다보는 통찰력이 생기며 인간의 본성에 대한 이해도를 높일 수 있습니다.

문학 공부와 더불어 NFT의 양대 축인 음악과 미술을 공부합니다. 이들 시장을 아름다움이라는 기준으로 단순히 감상만 하는 것이 아니라 돈이라는 관점에서 바라봅니다. 이때 중요한 것은 아티스트뿐 아니라 컬렉터입니다. 이들이 가격을 결정하기 때문이지요.

NFT 열풍이 있기 전 기존 미술 시장에는 컬렉터 문화가 있습니다. 이들이 어떻게 돈을 투자하고 버는지 시스템을 들여다보면서 시장을 지배하고 있는 구조와 가격이 결정되는 메커니즘을 연구해 봅니다. 고흐와 고갱의 그림이 수백억 아니 수천억 원을 호가해도 정작 화가 자신들은 큰돈을 벌지 못했지요. 그러나 요즘 NFT 작가들은 해마다 수백만 달러를 벌면서 창의적 접근을 통해 NFT 세계에서 성공 로드맵을 제시합니다.

음악 분야에서도 스트리밍 서비스에 비해 NFT를 통해 더 많은 수입을 올리는 3LAU(뉴욕 출생의 DJ 겸 프로듀서) 등의 아티스트들이 맹활약 중입니다. NFT가 알려지기 이전에 세계를 이미 재패한 방탄소년단BTS이 NFT 혁명 이후에도 세계를 여전히 지배할 수 있을지 그 가능성을 따져야 방탄소년단의 소속사 하이브의 진정한 내재 가치를 파악할 수 있습니다.

음악, 미술처럼 NFT화하지는 못하지만 영화는 투자를 가장 즐겁게 공부할 수 있는 매체입니다. 투자를 통해 월 스트리트의 꿈과 일상을 읽으며 미래에 구현될 메타버스의 실체에 대해 어렴풋한 감을 잡을 수 있습니다. 그리고 미국 외 중국, 일본, 한국의 시장에 대한 공부도 할 수 있습니다. 왜 일본은 미래를 쳐다보지 않고 1989년 부동산 버블 붕괴 이전만 그리워하는지, 중국이 공동부유론과 함께 정말 사회주의로의 복귀를 선언할 것인지 아는 것은 정말 중요합니다.

마지막으로는 새로운 문화로 MZ세대에게는 친숙한 게임과 웹툰을 다룹니다. 게임은 아이템 시장만으로 1년에 500억 달러(약 65조 원) 시장이었지만, 2025년에는 그 6배인 3,000억 달러 시장으로 성장할 어마어마한 잠재력을 지니고 있습니다. 게임은 즐기

는 수준을 넘어 돈을 버는 플레이투언Play To Earn의 시대로 접어들고 있습니다. 엔씨소프트, 넥센, 펄어비스 등 국내 대표적인 게임사들의 메타버스와 NFT의 대응 전략, 미국과 동남아의 해외 사례도 전합니다. '망가マンガ'라는 이름으로 일본이 독점하던 만화 시장도 한국에서 처음 개발된 웹툰 기업에 강력한 도전을 받고 있죠. 여러분이라면 웹툰과 망가 중 어디에 투자하겠습니까?

이 책에는 미래에 관한 궁금증에 대한 답변과 문화를 즐기면서 투자를 즐기게 된 제 경험을 담았습니다. 문화 공부는 메타버스와 NFT가 이끄는 미래 세상에 대한 투자이며, 갈수록 노동소득으로 돈을 벌기가 힘들어진 현실에서 자본소득(임대소득, 콘텐츠 소득, 배당 소득 등)으로 돈을 버는 탈출구이기도 합니다.

세상이 바뀌었습니다. 이 책에서 변화를 미리 읽고 문화를 즐기며 돈을 벌 기회를 잡기 바랍니다.

저자 신진상

포기하지 않는 한 실패는 없다.
만약 당신이 실패했다고 여겨도 다시 도전한다면
그것은 실패가 아니라
잘못된 방법을 한 가지 더 알아낸 것뿐이다.
어제의 습관이 오늘의 나를 만들었듯이
오늘의 습관이 10년 후의 나를 만든다.
위대한 사람들은 목적이 있지만
그 외의 사람들은 소원이 있을 뿐이다.
아무 하는 일 없이 시간을 허비하지 않겠다고 맹세해라.
우리가 항상 뭔가를 한다면 놀라우리만치 많은 일을 해낼 수 있다.

토머스 제퍼슨

차례

1장

역사를 잊은
투자자에게
수익률은 없다

화폐와 신뢰의 역사를 보면 비트코인의 미래가 보입니다. 비트코인을 문화적으로 읽으면 무정부주의의 서사를 읽을 수 있습니다. 과거의 화려했던 역사를 알아야 중국이 어디로 나아갈지 짐작할 수 있습니다. 그리고 제2차 세계대전에서 가장 치열했던 독소전과 베트남전쟁을 돈의 관점에서 살펴봅니다.

시대를 앞서갔던 금융 천재이자 사기꾼 존 로는 잘 알려지지 않았지만, 투자자들이 관심 가질 만한 인물입니다. 메타버스의 문화적 배경을 1920~30년대 양자역학과 여기에서 파생한 평행우주의 인기에서 찾아봅니다. 멀티 페르소나를 추구하는 현대 사회의 메타버스는 양자역학, 특히 평행우주와 놀라운 관련성이 있습니다.

한나라의 부활을 노리는
시진핑의 중국몽

로마 제국 시절, 동양에서는 한나라가 절대 강자였습니다. 로마 제국의 인구가 4,500만 명이었는데, 당시 한나라는 6천만 명이었으니 인구 규모 면에서도 더 컸습니다. 당시 세계는 한나라와 로마가 나눠 다스렸습니다. 과거 세계의 중심 역할을 했던 전통 중국의 영광을 21세기에 되살리겠다는 시진핑의 중국몽中國夢은 바로 한나라의 부활을 시도하는 것이라는 게 중평입니다.

시진핑은 2012년 공산당 총서기에 선출된 직후 '위대한 중화민족의 부흥'을 의미하는 중국몽 실현에 나서겠다고 선언하며, 경제 및 군사 패권의 강화를 추진하고 있습니다.

『지리 기술 제도』 책을 쓴 대표적인 친중파인 컬럼비아대학 제프리 삭스Jeffrey Sachs 교수는 현재 중화인민공화국에 가장 많은 영향을 준 두 나라로 한나라(내부적 평화)와 송나라(창의적 정신)를 꼽았습니다. 흉노를 몰아내고 영토를 넓힌 뒤 강력한 중앙집권 정치를 펼친 한무제漢武帝가 바로 시진핑의 롤모델이죠. 마르크시즘 못지않게 공자를 강조하는 시진핑처럼 한무제는 유교를 국교로 채택한 중국 최초의 군주였습니다.

한무제는 우리와도 악연이 있습니다. 동방 진출을 본격화하면서 고조선을 멸망시킨 원수이기도 하지요. 그는 당시의 백성들에게 고통만 안겨 준 전쟁광으로 전비를 마련하기 위해 염철사업을 전매사업으로 전환하며 이런저런 잡세를 신설한 장본인입니다. 계속되는 전쟁으로 갈수록 국고는 비었고, 강력한 황권에 기댄 환관들이 득세했으며, 외척세력이 전횡을 일삼기 시작한 끝에 결국 한나라는 멸망의 길을 걷게 됐습니다.

실크로드를 통해 중동 및 로마와 교역하던 시기도 바로 한무제 때입니다. 실크로드를 복원하겠다는 시진핑의 일대일로一帶一路는 바로 한무제의 업적을 현대적으로 재현하겠다는 의지를 표현한 거죠. 한나라 때와 지금 중국이 다른 점은 칼과 창으로 위협했던 한무제와 달리, 시진핑은 자본의 힘으로 주변 국가들을 경제적으로 종속시켜 식민지 상태로 만들려는 고도의 전략을 편다는 것입니다.

영국의 사회주의 지리학자 데이비드 하비David Harvey의 지적은 우리가 귀담아들어야 할 말입니다. 그는 일대일로를 "자본의 공간 이동이자 경제성장을 바탕으로 한 신新식민주의적 행보"라고 비판한 바 있습니다.

시진핑의 계획은 마오쩌둥이 중화인민공화국을 설립한 지 100년이 되는 2049년까지 중국이 세계 제1의 '도덕적 강국'이 돼야 한다는 것입니다. 그리고 1953년생인 그가 목숨이 붙어 있는 한 그 역할을 주도하겠다는 의지를 내비치고 있죠. 중국국방대학 류밍푸劉明福 교수는 "체제 경쟁에서 실패한 소련과 달리 미국 패도覇道에 왕도王道로 대응해야 한다."라고 조언합니다. 그러나 시진핑은 겉으로는 왕도를 내세우면서도 결국 미국과 아시아에서 맹주 자리를 놓고 한판 대결하려는 분위기입니다.

시진핑이 방점을 찍는 건 인공지능과 최신화된 무기입니다. 왕도가 아닌 패도 수단인 군대를 통해 힘으로 미국을 누르겠다는 생각을 하고 있는 것이죠. 남중국해에 군사기지를 설치하고 스텔스 폭격기를 만들고 드론 등 무인 공격 무기를 강화하고, 남중국해에 항공모함을 띄우는 것은 결국 미국을 아시아에서 힘으로 밀어내겠다는 것입니다.

중국몽이 제3차 세계대전으로 진행될 가능성이 농후한 현재에 우리는 어디에 투자해야 할까요? 중국은 성장과 세계 최대 강국이라는 지위를 동시에 유지하려고 합니다. 미국과 정면충돌하려면 좀 더 중국의 군사력이 커져야 합니다. 그때까지는 중국 정부가 철저하게 통제하는 성장이 유지될 것입니다.

따라서 중국에 투자할 때는 중국 정부의 정책 리스크를 각오하고 중국 정부 정책과 반대되는 방향으로 나가면 안 됩니다. 중국 정부가 관심을 쏟고 있는 빅데이터, 인공지능, 헬스케어 그리고 에너지 기업(전기차 포함) 분야에 투자를 권합니다. 중국 정부가 규제하는 사교육이나 부동산, 알리바바 등의 빅테크 기업들은 현재도 위험하고 앞으로는 더욱더 위험할 수 있습니다.

21세기 비트코인,
19세기 무정부주의의 화려한 부활

노벨 경제학상을 받은 미국 예일대학의 경제학자 로버트 실러는 저서 『내러티브 경제학』에서 비트코인이 이토록 사람들의 관심을 끌어모은 배경에는 '무정부주의의 부활'이라는 극적 서사를 만들어냈기 때문이라고 보았습니다. 『비트코인, 지혜의 족보』의 저자 오태민도 비트코인을 하나의 인문학적 현상으로 보았습니다. 비트코인이 스토리텔링 없이 블록체인이라는 획기적인 기술만 가지고 오늘날 많은 부를 이루었다고 생각하는 사람은 거의 없을 것입니다. 칼 마르크스가 자본주의만큼 비판했던 19세기 무정부주의가 21세기에 화려하게 부활한 것이 비트코인입니다.

무정부주의자는 모든 정부를 부정합니다. 존 레논의 '이매진'의 노랫말처럼 "국가가 없다고 생각해 보세요. 전쟁도 없고 살인도 더 이상 없을 거예요."라고 생각하는 사람들이 바로 무정부주의자들이죠. 철학적으로는 무정부 상태가 되면 만인의 만인에 대한 늑대가 된다는 토마스 홉스보다는 자연 상태에서 인간이 선하다고 본 장 자크 루소가 무정부주의의 본질에 좀 더 가깝습니다.

무정부주의 혹은 아나키즘Anarchism이 부정하는 권력은 정부뿐만 아니라 종교, 사회, 자본, 군대, 기타 단체 등 강압적으로 개인의 자유를 침해하는 어떠한 권력도 해당될 수 있습니다. 정부를 반대하기보다 권력을 반대한다는 게 정확할 듯합니다. 무정부주의는 비틀스의 존 레논과 포크록의 전설 밥 딜런의 음악에서 잘 드러나 있고 1960년대 후반과 1970년대 초반 미국을 뜨겁게 달구었던 히피와 반전 운동을 사실상 주도했던 사상이었습니다.

비트코인을 만든 사토시 나카모토가 일본인이든 미국인이든, 개인이든 단체든 확실한 것은 그가 중앙집권적인 국가 중심의 현대 권력, 특히 금융 시스템에 부정적이라는 점입니다. 2009년 그는 9쪽짜리 짧은 논문을 발표했습니다. 초록에는 이렇게 쓰여 있습니다.

"개인과 개인 간 유통될 수 있는 순수한 이론적 의미의 전자화폐는 금융기관을 거치지 않고 직접 지불을 가능하게 한다. 기존의 디지털 서명 기술이 이것을 일부 가능하게 해 주는 방법을 제공하지만, 여전히 믿을 수 있는 제3자가 이중 지불을 방지해야 한다면 전자화폐가 가질 수 있는 중요한 장점은 사라지게 된다. 우리는 이 논문에서

P2P 네트워크를 이용한 이중 지불 문제의 해결 방법을 제안하고자 한다."

컴퓨터와 인터넷만 있으면 정부의 감시나 은행의 통제 없이 누구든 직접 거래할 수 있는 전자화폐를 꿈꾸며 사토시 나카모토는 비트코인을 개발했습니다. 거래 수수료라는 폭리를 취하는 중앙은행을 비판한다는 점에서 사토시의 문제의식은 19세기 무정부주의자와 일치합니다. 중앙 권력은 은행을 감시하면서 국민도 감시하죠. 비트코인은 은행으로부터의 자유, 정부로부터의 자유를 추구한다는 점에서 무정부주의적입니다.

그런데 이런 궁금증이 생깁니다. 비트코인을 만들 때 사토시는 비트코인의 가치가 지금처럼 올라갈 거라고 예상했을까? 돈 놓고 돈 먹기 같은 투기 수단이 될 줄 몰랐을까? 비트코인이 압도적인 가격을 유지하는 것은 전 세계에 2,100만 개라는 한정된 규모만 존재하기 때문입니다. 그런데 이는 무정부주의가 국가는 물론 자본에 대해서도 비판적이라는 점에서 한 가지 의혹이 생깁니다.

희소성과 희소한 가치에서 오는 풍요는 자본주의의 핵심 가치로서 비트코인도 이것까지 부정하지는 않습니다. 하지만 진정한 무정부주의자가 되려면 권력은 물론 자본에 대해서도 그리고 무엇보다 스스로 자본이 될 가능성은 차단했어야 하는 것은 아닌가 하는 생각이 듭니다.

중세 마녀사냥 이후
가장 뜨거웠던 비트코인 거품 논쟁

역사에는 두 차례 마녀사냥이 있었습니다. 마녀사냥이란, 중세와 근대 초반까지 서유럽과 미국에서 마녀나 마법 행위에 대해 추궁하고 형벌을 내린 행위를 말합니다. 당시 기독교를 절대화하려는 상황에서 비롯된 광신도적 현상이었습니다.

첫 번째 마녀사냥은 잘 아는 대로 페스트의 창궐에서 희생양이 된 사회적 약자들과 연결됩니다. 게토에 모여 살던 유대인들이 집단 학살되었고, 고양이를 키우며 홀로 살던 여성들이 마녀로 몰려 엉터리 재판을 거쳐 마녀로 판정된 뒤 화형당했습니다. 이때 고양이도 같이 화형당하는 경우가 많아서 쥐가 창궐해 페스트균이 더욱 확산되기도 했지요. 재판은 자백할 때까지 채찍질을 가하는 고통의 순간이었습니다. 자백만이 유일한 증거였습니다. 죽어가는 여자는 죽기 전에 해야 할 의식이 하나 있었는데 주변에 악마에게 유혹당한 다른 여성을 지목해야 하는 것이죠. 결혼하지 않고 자매끼리 살던 여성들이 마귀에 홀렸다는 이유로 재판을 받고 화형을 당하기도 했습니다. 당시 가톨릭 수사들 중에는 "여자는 남자보다 겁이 많고, 심장이 약하며, 뇌가 축축하기 때문에 악마들이 남자보다 여자를 더 좋아한다."라고 말하기도 했습니다.

두 번째 마녀사냥은 제2차 세계대전이 끝나고 힘을 합쳐 히틀러와 싸웠던 미국과 소련이 분열하면서 적대적 관계가 되자, 미국 내에서 과거 공산당원이나 독소전에서 소련을 열렬히 응원했던 지식인 중 상당수를 공산주의자로 몰았던 매카시즘McCarthyism입니다.

1950~54년 미국을 휩쓴 반공산주의 열풍인 매카시즘 때문에 돌턴 트럼보라는 세계적인 시나리오 작가와 윌리엄 와일러 감독의 「로마의 휴일」과 스탠리 큐브릭의 「스파르타쿠스」의 각본가를 포함해 할리우드의 작가들은 물론 과학자들까지 탄압을 받았습니다. 제2차 세계대전 때 맨해튼 프로젝트를 총괄하며 핵무기 개발을 지휘했던 로버트 오펜하이머Robert Oppenheimer도 매카시즘의 광풍에 휩쓸려 비운의 물리학자가 되었지요. 1950년대 냉전이 한창일 때 소련과 공산주의에 대한 불신과 두려움은 극에 달해 아인슈타인조차 공산주의자가 아니냐고 할 정도였습니다.

매카시즘은 점차 국제 관계에서 긴장이 완화되고, 미국이 본격적인 신자유주의 국가로 넘어가면서 역사의 뒤안길로 사라졌습니다.

저는 세 번째 마녀사냥으로 2010년대 후반에 진행된 비트코인 거품론이 아닐까 생각합니다. 비트코인을 거품을 넘어 사기라고 지적했던 전문가는 한둘이 아니었습니다. 2008년 금융위기를 예언해 '닥터둠(Dr Doom, 경제에 대해 비관적인 전망을 하는 사람)'이라 불리는 뉴욕대학 누리엘 루비니Nouriel Roubini 교수(어리석음에는 반드시 대가가 따른다는 말을 함)를 비롯해, 『블랙 스완』의 저자 나심 탈레브까지 수많은 지식인과 투자자들이 비트코인을 포함해 가상화폐에 대해서 격하게 비판했습니다.

저는 비트코인의 미래를 낙관적으로 바라보지만 수많은 비판 중에 탈레브의 지적엔 귀를 기울여야 한다고 생각합니다. 2021년 탈레브는 「비트코인, 화폐들, 취약성Bitcoin, Currencies, and Fragility」 논문을 통해 "금융 역사상 비트코인보다 더 취약한 자산은 거의 없었다. 가치는 제로(0)이며, 비트코인이 '정부가 필요 없는 통화'라는 개념을 만족시키는 데에도, 인플레이션의 헤지 수단으로서도, 안전한 투자처로서도 실패했다."라고 비판했습니다.

탈레브는 비트코인 투자를 다단계 폰지 사기에 비유했습니다. 폰지 사기란, 새로 투자받은 돈으로 선투자자들의 이익을 충당해 주다가 더 높은 가격에 사 줄 바보가 더 이상 나타나지 않을 때 마지막으로 들고 있는 사람이 파산하고 투자자 모두가 원금을 날리는 금융 사기를 말합니다.

탈레브의 비판 요지는 2,100만 개(그 숫자가 맞는지는 사토시 나카모토만이 알겠지만, 현재까지는 유실된 것들 포함해서 그보다는 적은 숫자라는 게 정설이다)라는 고정된 숫자가 희소성을 충족시켜 가격을 띄울 수는 있겠지만, 막상 인플레이션이 오면 전혀 다른 논리로 가격이 형성될 우려가 높다는 것을 지적하고 있습니다.

탈레브의 예언처럼 잘나가던 비트코인이 2021년 12월부터 미국의 인플레이션이 심해지면서 가격이 내려가기 시작했습니다. 인플레이션이 오면 그 가치를 인정받아 가격이 더욱 높아져야 하는데도 말이지요.

그러나 비트코인에 대한 공격은 시간이 지나면서 줄어드는 편입니다. 비트코인을 한때 악마로 묘사했던 노벨 경제학상 수상자 폴 크루그먼이 시장에서 그 가격이 유지된다는 것은 그럴 만한 가치가 있기 때문이라며 한발 물러섰습니다. 역시 계약이론으로 노벨 경제학상을 수상한 올리버 하트 교수도 비트코인 비관론자에서 변신해 블록체인 스타트업의 자문위원이 되기도 했습니다.

그동안 비트코인의 분산원장 기술의 장점을 주장하거나 위변조 불가능성과 51%의 PC에서 인정받아야 정식 거래로 인정받는 민주주의 시스템 등을 이유로 비트코인을 옹호하기라도 하면, 중세 시대의 마녀 혹은 제2차 세계대전 이후 공산주의자처럼 사기꾼으로 매도당하기 일쑤였습니다. 하지만 지금은 러시아 우크라이나 전쟁으로 큰 폭으로 하락을 겪기도 했지만 2만 달러를 지지선으로 삼아 반등하며 적어도 디지털 가상 자산으로서의 가치는 인정 받고 있습니다.

새로운 기술은 진보하는 명분이 함께해야 성공할 수 있다는 사실을 알 수 있습니다. 마녀재판에서는 여성들의 일방적인 희생을 바탕으로 르네상스와 프랑스 대혁명 등이 일어나 여성의 권리가 신장됐습니다. 사회주의를 터부시하던 미국에서는 버니 샌더스 Bernie Sanders처럼 사회주의자를 선언하는 사람이 지지를 받으며 권력의 핵심에 있기도 합니다. 인플레이션 헤지와 가치 저장 수단에서 혁신을 이룬 비트코인 역시 진보라는 방향성을 분명 가지고 있습니다.

여전히 비트코인을 부정적으로 바라본다면 자신이 진보라는 방향의 반대로 가고 있는 건 아닌지 의심해 볼 필요가 있습니다. 저도 '비트코인' 하면 자연스럽게 버블이 떠오르며 17세기 네덜란드에서 1년간 진행됐던 튤립 버블과 겹쳐지기도 했습니다. 그러나 1년간 있었던 일과 지금까지 10년 이상 진행되고 있는 비트코인을 같은 선상에 놓고 비교할 수 있을까요?

존 로는 금융 천재였나, 사기꾼이었나?

파산한 바보들아, 이리로 모이거라.

너희들의 실수를 누구에게 탓할쏘냐?

남의 말에 솔깃했던 자기 귀나 자르거라.

무턱대고 오른 배에 사기꾼이 선장이니,

실린 것은 쪽박이요, 탔던 배는 깡통이라.

그럴듯한 말일수록 의심부터 했어야지,

한탕 해서 쉽게 벌면 돈 없을 자 누굴쏘냐?

벌기보다 잃기가 쉽다는 걸 몰랐느냐?

처음부터 정신 차려 깨달아야 했느니라.

망한 사연 말하려면 개한테나 털어놔라.

무릉도원 가려다가 삼수갑산 갔었다고.

이 환상적인 촌철살인의 글귀는 존 로John Law라는 스코틀랜드 출신 금융업자의 묘비명입니다. 그는 복잡한 현대 금융이 등장하기 전 17세기에 살았던 역사적 인물로 투자에서 파산한 사람들의 심리를 놀라울 정도로 잘 묘사하고 있습니다. IMF로 인한 주가 폭락과 닷컴 버블 때 기술주를 샀던 사람들, 서브프라임 모기지로 월 스트리트가 무너지는 금융위기를 겪은 사람들이라면 이 말이 정말 와 닿을 것 같습니다.

2021년 미국 주식에 투자한 사람들 중에서는 존 로의 경고를 귀담아들을 사람이 없겠지만, 그 잘나가던 미국 주식도 2022년 1월부터 조정기를 맞은 것을 보면, 버블은 언젠가 터지게 마련이고 그때마다 주목받을 역사적 인물이 존 로가 아닐까 싶습니다.

존 로는 고국인 영국에서보다 프랑스에서 더 유명합니다. 정확히는 파란만장한 사기꾼으로 악명이 높지요. 프랑스에서는 지금도 그를 싫어합니다. 그는 은행의 히틀러와 같았습니다. 프랑스에서는 은행을 '방크Banque'라고 하지 않고 '크레디트Credit'라고 우회적으로 표현하는데, 이 또한 그와 얽힌 악연을 끊고 싶어서라고 합니다.

당시 영국과 식민지 경쟁을 벌이던 프랑스 루이 14세는 재정적으로 파산 위기에 처해 있었습니다. 이때 등장한 인물이 바로 존 로였지요. 도박에서 돈을 잃어 본 적이 없는 태생적으로 완벽한 트레이더였던 그는 은행이 아닌 돈 많은 개인이 국가 재정을 책임지던 시절에 은행이 경제를 살찌우는 존재라고 생각한 시대를 앞서간 인물이었습니다.

그가 20대인 1707년 그의 고향 스코틀랜드와 잉글랜드가 통합해 영국이 탄생합니다. 그는 이를 계기로 영국에서 국립 은행이 탄생해야 한다고 주장했지만 그의 목소리에 관심을 기울이는 사람들은 없었습니다.

그는 호응해 주지 않는 영국을 떠나 프랑스로 건너가 금융 전문가 행세를 합니다. 당시 프랑스에서는 루이 14세가 죽고 그의 증손자인 루이 15세가 다섯 살의 나이에 집권합니다. 그의 삼촌인 오를레앙 공작이 섭정을 시작하자 존 로는 오를레앙 공작에게 가서 영국에서는 통하지 않던 제안, 즉 은행에 정부 지출을 맡기면 신교도의 도움 없이도 재정이 개선되고 경제도 좋아질 거라는 감언이설로 꼽니다. 이에 오를레앙 공작은 존 로를 왕실 재정 고문으로 앉히고 프랑스 최초로 은행을 설립하죠.

존 로의 천재성은 이때부터 드러납니다. 그는 놀랍게도 현재의 IPO(기업공개)를 진행했습니다. 현찰 대신 왕실이 발행한 채권으로 투자금을 납부할 수 있도록 했습니다. 지금의 전환사채를 존 로가 발명한 것이나 다름없습니다. 그는 주주에게 7.5%의 높은 이자를 보장했습니다. 이 과정을 거쳐 존 로의 은행이 발행한 지폐는 법정화폐가 되었습니다. 이어 그는 프랑스 국민 전체를 토지 투자에 가담시키는 원대한 계획을 실행합니다. 1717년 미시시피 회사Mississippi Company를 인수해 정부 부채를 갚아 주겠다는 조건을 제시하고 프랑스령 루이지애나 지역의 독점 개발권을 얻습니다. 이번 역시 프랑스 정부는 국채를 발행해 자금을 모으고 아칸소 지방을 개간하기 시작합니다. 그리고 담배 농장을 지어 담배 농장 수입을 회사에 양도하고 회사는 국가 대신 재정 사업을 시작합니다. 왕실이 가진 모든 사업을 독점하면서 프랑스 사람들은 그의 회사 주식을 사기 위해 혈안이 되었고, 당연히 주가는 폭등했죠. 그는 돈을 더 벌기 위해 증자를 계속합니다. 존 로는 은행권을 대량 발행해 미시시피 주식을 사려는 사람들에게 대출해 주었습니다. 그리고 이때 그는 또 하나의 현대적인 금융 상품을 개발하죠. 바로 주식을 살 권리를 파는 '콜옵션Call Option'을 개발한 것입니다. 주가가 오를 것으로 기대하는 사람들은 당연히 옵션을 샀고, 옵션을 산 사람들은 주가가 오르기를 기대했죠.

그런데 천재 존 로가 몰랐던 것이 있습니다. 시장에 공급되는 물건은 한정돼 있고, 돈이 많이 풀리면 인플레이션이 따라온다는 것을 계산하지 못한 것입니다. 결국 물가는 폭등했고, 미국에 다녀온 프랑스인들이 그곳의 절망적인 소식들, 즉 말라리아와 잔혹한 원주민, 뜨거운 태양 등에 대해 떠들기 시작하면서 프랑스인들은 환상에서 벗어나게 됩니다.

여기서 포기할 존 로가 아닙니다. 그는 이제 사기꾼으로 변신하기 시작합니다. 파리의 거지들을 불러 모아 삽과 곡괭이를 나눠 준 뒤 사람들에게 이들이 미국으로 금광을 채굴하러 간다고 거짓말을 합니다. 거지들을 이런 식으로 수천 명씩 고용하니 당연히 돈이 더 많이 나갈 수밖에 없었습니다. 그러나 그가 펼치는 금광 사업에 대한 호기심은 확산되었고 콩고의 왕자가 미시시피 주식을 팔고 금과 은으로 바꿨다는 소문이 돌자 주식을 금으로 바꾸려는 열풍이 불었습니다. 은행의 금고는 순식간에 바닥이 났습니다.

결국 버블이 터진 것이죠. 미시시피니 금광이니 하는 것들이 신기루에 불과하다는 것을 안 프랑스인들은 프랑스 은행으로 달려가 은행권을 다시 은화로 바꿔 달라고 요구하기 시작했죠. 결국 미시시피 회사와 프랑스 왕립 은행은 동시에 파산하고 그는 전 재산을 몰수당하고 추방당합니다. 이후 그는 유럽의 카지노를 떠돌며 본격적인 타짜 인생을 살다가 58세의 나이에 가난을 못이겨 폐렴으로 사망합니다.

존 로가 얼마나 프랑스 경제에 악영향을 끼쳤는지 이후 같은 세기 말에 프랑스에서 벌어진 프랑스 대혁명의 전초를 그의 사기행각에서 읽는 학자들도 있을 정도입니다. 『금융 오디세이』의 저자이며 한국은행에서 오래 근무한 금융 전문가 차현진 박사는 화폐금융이론과 거시경제적 차원에서 존 로는 분명 선구자가 맞다고 평가합니다. 다만 명목금리가 높다는 것을 돈이 부족하다는 것으로만 해석해서 금리는 무조건 낮아야 한다고 생각했던 오류를 범했다고 지적합니다.

'존 로' 하면 또 다른 스코틀랜드 인물이 떠오릅니다. 바로 그레

고르 맥그리거Gregor MacGregor입니다. 어찌 보면 영국 배우 이안 맥그리거의 먼 선조쯤으로 보이는 이 사람은 영국에서 총독 행세를 하면서 금융 사기를 벌였던 인물입니다. 그는 베네수엘라 독립 전쟁에 용병으로 참전하면서 진급을 계속했고 이 기간에 지역 토호들이 그에게 넓은 땅을 제공했습니다. 그 땅은 사람이 살 수 없는 늪지로 경제성이 없었지만, 그는 무슨 수를 써서라도 이 땅을 통해 한몫을 잡기로 마음먹습니다. 그래서 그는 영국에 존재하지도 않은 '포야이스Poyais'라는 상상의 나라를 세우고 자신이 총독이라고 사기를 칩니다. 당시 영국이 해외에서 어떤 식민지를 보유하고 있는지 잘 모르던 사람들은 그의 말에 현혹됐죠. 많은 나라가 중남미에서 독립하던 시점이라 사람들은 실제 그런 나라가 있는지 없는지도 모른 채 이른바 '묻지마 투자'를 합니다. 포야이스는 19세기 영국인에게는 그야말로 메타버스였죠. 그는 있지도 않은 영국 식민지를 자신이 개발했다고 주장하면서 자기가 도로, 건물 등도 잘 닦아 놓았으니 믿고 투자하라고 사람들을 꼬셨습니다. 이후 이주민을 모아 배에 태워 대서양을 건넌 뒤 무인도나 정글에 풀어 놓기도 했습니다. 당시 런던을 떠난 240명 중 살아 돌아온 사람은 50명도 채 안 되었다고 합니다.

지금은 투자자를 보호하기 위한 각종 제도적 장치나 언론, SNS 등의 감시 기관이 있습니다. 그때와 같은 희대의 사기꾼이 나타날 가능성은 그만큼 줄어들었지만, 자본주의가 존재하고 탐욕이 인간의 본성으로 남아 있는 한 언제든 제2의 존 로는 등장할 수 있습니다. 특히 일부 전문가들은 제2의 존 로가 나올 수 있는 분야가 기반 기술 진척 속도에 비해 시장이 훨씬 더 기대감을 갖고 있는 메타버스일 수 있다고 말합니다. 또한 『반도체 넥스트 시나리오』의 저자인 공학자 권순용은 늦어도 10년 후면 메타버스가 현실처럼 느껴지는 가상현실 기술이 엄청난 발전을 할 것으로 내다봤습니다. 이처럼 메타버스는 지금이 투자하기에 가장 적절한 시점일 수 있습니다.

역사상 최악의 전쟁,
독소전에서 찾은 투자자의 태도

지금 우리가 사는 현실 세계에 가장 큰 영향을 미친 사건을 꼽으라면 제2차 세계대전, 그것도 독일과 소련의 전쟁이라고 생각합니다. 그 전쟁에서 히틀러가 스탈린에게 패배함으로써 미국과 소련의 냉전이 시작되었고, 미국은 소련을 견제하기 위해 중국과 동맹에 가까운 관계(적의 적은 친구이기에)를 맺고 모든 에너지를 소련의 붕괴에 집중했습니다. 그 결과 중국의 국력이 커져서 오늘날 미국과 중국의 신냉전 구도가 만들어졌습니다. 누군가의 말처럼 우리는 히틀러가 만든 세계에서 살아가는 셈입니다.

독소 전쟁은 제2차 세계대전에서 민간인과 군인 모두 합쳐서 압도적으로 사망자가 많이 나온 인류 최대의 전쟁이었습니다. 소련은 군인 1,100만 명을 포함해 민간인까지 합하면 2,700만 명이 죽었습니다. 당시 1억 9,200만 인구 중 거의 20%에 가까운 사람들이 사망했습니다. 사망자 중에는 스탈린의 장남과 스탈린 이후 권력을 잡은 니키타 흐루쇼프Nikita Khrushchyov의 장남도 포함돼 있었습니다. 그리고 지금의 러시아를 통치하는 푸틴의 친형은 레닌그라드(지금의 상트페테르부르크)에서 독일군이 의도적으로 진행했던 집단 아사를 위한 포위 과정에서 굶어 죽었습니다. 스탈린그라드를 지키기 위해서 소련군은 군인만 95만 명의 대가를 치렀죠. 당시 실전에 투입됐던 신참 군인들의 평균 수명이 하루였으니 그야말로 하루살이 삶이었습니다.

독일군도 350만 명이 사망했습니다. 전체 사망자 중 80%가 동부 전선에서 발생했습니다. 독일군 점령지에서 강간, 약탈, 살인이 일상적으로 벌어졌듯이 수복과정에서 복수심에 불탔던 소련군들은 나이를 가리지 않고 여성을 강간했습니다. 인간이기를 포기했던 끔찍하고 비참한 전쟁이 끝난 지 아직 한 세기가 지나지 않았습니다.

이 전쟁을 이해해야 러시아와 독일을 축으로 하는 EU의 갈등이 어디서 비롯되었는지 알 수 있습니다. 지금의 독일 정부는 히틀러를 철저하게 부정하고 과거와 단절된 새로운 역사를 쓰고 있지만, 러시아 국민의 DNA에는 여전히 과거 히틀러가 조종하는 독일에 당한 고통과 슬픔이 각인되어 있다고 해도 과언이 아닙니다. 2022년 3월 현재 러시아와 우크라이나에서 벌어진 전쟁도 궁극적으로는 독일을 중심으로 한 EU를 러시아가 믿지 못하기 때문입니다.

투자자의 관점에서 이 역사적 사건과 전대미문의 비극을 어떻게 받아들여야 할까요? 저는 이 전쟁을 실제로 지휘했던 두 독재자 히틀러와 스탈린의 스타일 차이에서 교훈을 얻어야 한다고 생각합니다.

히틀러가 공격적인 투자자로 리스크에 대한 개념 자체가 없는 무모한 공격을 자행했다면, 스탈린은 방어적인 투자자로 자신이 가진 인적, 물적 자원을 적절히 분산 투자했던 스타일입니다. 게오르기 주코프 장군이 잘나갈 때는 추이코프 장군에게 힘을 실어주고, 추이코프가 베를린에 진격할 때는 슬쩍 속도를 늦춰 주코프와 보조를 맞추도록 조율하면서 계란을 한 바구니에 담지 않는 포트폴리오 전략을 장군과 병력을 배치하는 데 적용했죠. 또한 히틀러는 입만 살아 있고 다른 사람의 말을 듣지 않았지만, 스탈린은 회의에서 주로 듣는 쪽이었습니다. 귀를 열고 자신의 선호와 상관없이 전쟁에서 이길 수 있는 방법을 찾았습니다.

퀀트 투자자이자 『거인들의 포트폴리오』을 쓴 강환국은 행동재무학에도 대단히 깊이가 있는데, 인간은 투자를 망치도록 설계된 투자에 최적화된 존재라고 주장합니다. 또한 인간은 인지적으로 오류 덩어리이며 감정적으로 편향된 존재이기 때문에 주식 시장에서 구조적으로 돈을 벌기보다는 잃기 쉽다는 거죠.

그는 인간의 인지 편향 중에서 손실 회피 편향이 가장 크다고 봅니다. 누구나 손해 보기를 싫어합니다. 이득을 보는 것보다 손해 보는 것을 더욱 끔찍하게 여깁니다. 이러한 내용으로 행동경제학자 대니얼 카너먼^{Daniel Kahneman}이 노벨 경제학상을 받음으로써 증명된 바 있지요.

손실 회피 성향은 주식 투자에서 가장 위험한 편향입니다. 그래서 강환국은 이를 주식 시장의 히틀러라고 표현하죠. 손실 회피 성향은 확정된 손실을 손실이 아니라며 자신을 위로하다 못해 손절매 시점을 놓치고 '언젠가는 오르겠지, 나는 절대 바보는 아니니까' 하며 손실이 난 주식을 절대 매도하지 않는 사람들의 속성을 가리킵니다. 투자한 기업이 박살 나고 신상품이 망하고 대표이사가 횡령으로 잡혀 들어가 주가가 계속 내려가는데도 '어떻게 5만 원에 산 주식을 2만 원에 팔 수 있냐?'라며 본전을 지키기 위해 버티는 사람들을 가리켜 주식 시장의 히틀러라고 비유한 것입니다.

히틀러는 '손실 회피 편향'보다는 강환국이 두 번째 편향으로 지적한 '과잉 확신 편향'이 강했던 인물입니다. 자신의 미래 예측이 확실하다고 생각해서 한두 종목에 집중하는 사람들이 이 부류에 해당합니다. 100%의 확률로 승리할 수 있다는 자신감에 주변에서 아무리 말려도 영국과 전쟁 중에 소련과 전면전(거의 동맹 관

계나 다름없는 불가침 조약을 먼저 제안했음)을 벌인 그야말로 과대망
상에 가까운 과잉 확신 편향의 화신이라고 할 수 있죠.

강환국에 따르면 우리나라의 투자자들은 과잉 확신 편향이 유
달리 강합니다. 주식 투자자 중 33%는 1개 종목만 보유하고,
61.4%는 1~3개 종목을 보유하고 있다는 게 그 증거입니다. 서학
개미들도 거의 테슬라에만 '올인' 하는 경향을 보입니다.

반면, 스탈린은 독소전에서 시간과 추위는 장기적으로 자신들
에게 유리하다고 생각하면서 히틀러처럼 조급하게 굴지 않았습니
다. 1943년 쿠르스크 전투에서 독일군의 마지막 공세를 막아낸
뒤 본격적인 공격에 들어가기 전까지 참고 인내하면서 결전의 날
을 기다렸습니다. 그는 히틀러가 탐냈던 스탈린그라드(러시아의 도
시 볼고그라드의 옛 명칭)의 운명을 자신이 쥐고 있다는 사실을 잘 알
았습니다. 스탈린그라드를 빼앗기면 캅카스와 바쿠 유전을 빼앗
겨 전쟁을 하고 싶어도 할 수가 없는 상황이었죠. 스탈린그라드는
그에게 MDD(Mass Draw Down, 가장 큰 손실을 회피하는 보수적인 전
략)였던 셈입니다. MDD는 최대 손실 낙폭으로 독일군에게 스탈
린그라드 직전까지는 넘겨줄 수 있지만, 그곳만은 안 된다면서 배
수의 진을 쳤습니다. 그리고 독일의 6군을 서서히 포위해 고립시
킨 뒤 결국 항복시켰습니다.

한편 스탈린은 자신의 오판 때문에 사실상 전쟁이 일어나도록
방치했죠. 그는 히틀러가 자신을 공격할 리가 없다고 생각했습니

다. 독일은 영국과 전쟁 중인데다 공격이 성공하려면 적어도 방어하는 국가보다 두 배는 군대가 많아야 하는데 소련의 군대 규모가 훨씬 컸기 때문입니다. 자신들보다 병력이 훨씬 많은 적의 군대를 먼저 칠 정도로 히틀러가 바보일 리는 없다고 믿었던 거죠. 하지만 히틀러는 그 허를 찔렀습니다.

스탈린은 이 일생일대의 실수 이후 다시는 실수를 반복하지 않았습니다. 그는 수도인 모스크바와 제3의 도시로 경제의 열쇠를 쥐고 있던 스탈린그라드만큼은 절대 내어주지 않겠다고 다짐했죠. 독일군의 점령지에서 빨치산의 기습과 자신들의 주력 군대를 정면이 아닌 양면에서 동원해 전투가 아닌 전쟁에서 승리하겠다는 계획을 세웁니다. 이런 유연한 자세는 투자자의 관점에서 정말 배울 만한 태도입니다.

역사적으로 히틀러와 스탈린은 악명 높은 독재자로, 두 독재자 모두 인간의 탈을 쓴 악마라는 점에서 공통점이 있습니다. 하지만 투자자의 관점에서 두 사람의 차이를 살펴볼 필요는 있습니다. 인생이 단 한 번의 '오징어 게임'이라고 생각하는 분이 아니라면 독소전을 떠올릴 때 히틀러의 실수와 스탈린의 성공에 주목해야 합니다.

베트남 전쟁이
투자자에게 남긴 교훈

"한국 전쟁은 존재하지 않습니다. 베트남 전쟁은 사라졌고 걸프 전쟁은 잊힐 겁니다."

이런 주장을 하는 사람이 있었습니다. 사실 오늘날 미국인들에게 한국 전쟁(1950~53)에 대해 물으면 70대 이상이나 한국에서 건너간 교포가 아니라면 대부분 잘 모릅니다. 베트남 전쟁(1960~75) 또한 「디어 헌터」, 「지옥의 묵시록」, 「플래툰」 등의 영화로 기억될 뿐입니다.

대중문화 속에서 꾸준히 소비되는 전쟁은 제2차 세계대전으로, 지금까지 만들어진 전쟁 영화 배경의 50%를 차지합니다. 사상자 규모와 정치적 파급력, 전 세계인이 나눈 고통으로 따지면 지금까지의 그 어떤 전쟁과도 견줄 수가 없지요. 투자자 관점에서는 베트남 전쟁도 제2차 세계대전 못지않게 중요합니다.

미국은 아시아에서 새로운 전쟁에 휘말려 들게 됩니다. 시작은 린든 존슨 민주당 대통령 때였지만, 실제 참여는 1950년대 공화당 아이젠하워 정권 때부터였습니다. 베트남의 북쪽을 다스리던 흔히 '베트공'이라 불리던 베트민은 리더 호찌민胡志明을 중심으로 제2차 세계대전 때 독일을 대신해 베트남을 다스리던 일본과 맞섭니다. 당시 미군은 말라리아에 걸려 사경을 헤매던 호찌민을 자신들이 개발한 신약 퀴닌으로 치료해 줄 정도로 관계가 돈독했죠. 적의 적은 친구로 그들은 일본이라는 공동의 적이 있었기 때문에 우정을 쌓을 수 있었습니다.

그러나 전쟁이 끝난 뒤 상황은 달라졌습니다. 연합국이 된 프랑스는 예전 식민지를 찾고자 용병을 중심으로 베트남에 파병을 합니다. 당시 프랑스 헌법으로는 외국에 군대를 보낼 때는 용병만 가능했습니다. 주로 세네갈 등 아프리카 용병이었고 일부는 패전 독일 군인들도 있었습니다. 프랑스는 압도적인 화력과 공군력으로 호찌민의 반군을 궤멸시킬 생각으로 디엔비엔푸의 고지를 점령해 베트공들의 공격을 기다렸습니다. 당시 베트남의 독립을 지휘했던 보응우옌잡 장군은 디엔비엔푸에서 이들을 과감하게 기습해 프랑스군을 궤멸시켰습니다.

이때부터 미국은 고민합니다. 도미노 현상처럼 아시아에서 연쇄 공산화가 이루어질 것이라는 우려였죠. 어느 정도는 사실이었습니다. 1960년대 케네디 정권 때부터 베트남의 남쪽 정부를 군사적으로 후원하다가 1965년 통킹만 사건(조작으로 밝혀짐. 당시 북베트남군의 해군력으로는 미군의 군함을 공격할 방법이 없었다)으로 본격참전하게 됩니다. 그런데 베트남의 지형과 무엇보다 민족성(국경을 맞댄 중국조차 지배하지 못했던), 그리고 특유의 강인함 때문에 미군은 진흙탕에 빠져 고전하게 됩니다. 당시 미군들은 '도대체 왜내가 남의 나라 전쟁에서 목숨을 걸고 싸워야 하지?'라고 생각하며 무의미한 전장에서 많은 군인들은 마약에 빠져들기도 했죠. 반면 북베트남군과 그들의 지원을 받는 남베트남의 비정규 게릴라 베트콩들은 달랐습니다. 지금은 베트남의 국부로 인정받는 호찌민은 당시 외국 기자와의 한 인터뷰에서 이렇게 말했습니다.

"너희가 열 명을 죽일 때 우리는 너희 한 명을 죽일 것이다. 결국은 너희가 먼저 지칠 것이다."

미군은 압도적인 군사력과 화력 그리고 50만 명에 가까운 정규군을 투입하고도 그들을 이길 수가 없었습니다. 적과 베트남 시민이 구분되지 않았으며, 사방팔방이 적이고 테러리스트였던 상황에서 미군은 노이로제에 시달렸습니다. 결국 미군은 미라이에서 민간인을 대량 학살하고 1968년 1월 베트남의 게릴라들이 수도인 사이공을 공격해 미 대사관을 점령하기도 했습니다. 이런 장면들이 TV에 방영되면서 미국은 반전 여론이 한층 강해졌습니다. 또한 사이공의 베트남 정부는 부패했고 민심이 완전히 떠난 상황에서 이런 친미 정부를 계속 지원할 수 있을지 백악관은 고민했습니다.

결국 미군 철수를 공약으로 내건 닉슨이 대통령으로 당선됐습니다. 닉슨은 천문학적으로 쏟아부었던 군비(베트남전에서 미군이 썼던 폭탄이 제2차 세계대전에서 미군이 독일과 일본에 퍼부었던 폭탄의 세 배가 넘는) 때문에 경제적으로 큰 압박을 받았습니다. 한마디로 달러를 너무 찍어내 달러를 바꿔 줄 금이 부족해졌습니다. 그래서 미국과 역사적으로 껄끄러운 프랑스 드골 대통령이 노골적으로 금 태환을 요구하자, 난처해진 미국 정부는 1972년에 엄청난 결정을 내립니다. 바로 달러와 금의 태환을 거부한 거죠. 그러면 어떤 일이 일어날까요? 달러가 약세가 될 것이 뻔합니다. 너무 많이 찍어냈으니 당연히 약세가 될 수밖에 없겠죠.

달러 약세와 함께 미국에는 또 다른 악재가 있었습니다. 중동에서 미국이 지지하는 이스라엘이 이집트를 중심으로 한 아랍에 전쟁을 걸어 승리했습니다. 그러자 아랍 진영의 산유국들이 석유 무기화선언에 의한 감산 정책을 시행했고, 그로 인해 유가가 엄청나게 치솟고 오일 부족 사태가 벌어져 이스라엘과 이들을 후원하는 미국에 앙갚음했습니다.

석유가 품귀 현상이 일어날 만큼 귀해지고, 달러가 넘쳐 흐르면 무슨 일이 벌어질까요? 바로 유가 폭등입니다. 1970년대, 유가 상승으로 인한 인플레이션이 끝없이 지속되면서 미국 경제뿐 아니라 세계 경제가 악화된 것은 이처럼 베트남 전쟁에 무리하게 참전한 미국이 자초한 자승자박의 결과였습니다. 결국 이러한 고유가와 인플레이션은 1980년대 신자유주의 노선을 본격적으로 채택한 레이건 정부 때 잡혔습니다.

아무리 태양광이니 재생에너지니 해도 당분간 에너지 시장은 석유가 좌우할 수밖에 없다는 것을 알 수 있습니다. 유가가 오르는 것은 인플레이션의 신호이고, 이는 결국 약세장으로 추세 전환을 불러올 수 있습니다. 2021년 말과 2022년 초 미국 증시의 약세는 이런 식으로 반복되고 있습니다.

유대인들은 암호화폐에
어떻게 기여했을까?

2022년 1월, 일론 머스크가 폭탄선언을 했습니다. 비트코인을 개발한 것으로 알려진 사토시 나카모토의 실체가 닉 재보Nick Szabo라는 컴퓨터과학자라고 주장했습니다. 그가 사토시 나카모토인지는 아직 확인되지는 않았지만, 2014년부터 지금까지 그의 비트코인 지갑에는 변동이 없습니다. 즉, 지금껏 로그인을 안 한 거죠. 그만큼 신분 노출을 꺼린다는 뜻입니다.

필체를 분석하는 인공지능의 개발 덕분에 평소 닉 재보의 글들에서 사토시 나카모토의 흔적은 많이 발견됩니다. 또한 칼 멩거Carl Menger라는 경제학자를 즐겨 인용한다는 공통점도 있지요. 무엇보다 일론 머스크가 그렇게 추측하는 이유는 닉 재보가 비트코인과 유사한 비트골드Bit Gold를 연구했으며, 이더리움에서 실현된 스마트 계약에 대해서도 심층적인 탐구를 했다는 것입니다.

비트골드는 1998년 인터넷 버블이 일기도 전에 탈중앙화된 디지털 화폐로 블록체인의 전신이라고 해도 과언이 아닙니다. 물론 그 당시에는 아이디어일 뿐 완성된 기술로서 제시된 것은 아니지만 만약 그가 사토시 나카모토라면 10년 동안 충분히 준비할 시간적 여유가 있었겠죠.

닉 재보는 성을 보면 헝가리계 미국인으로 추측할 수 있습니다. 헝가리에서 미국으로 건너간 과학자와 사업가들 중에는 유대인이 유달리 많습니다. 닉 재보가 스스로 유대인이라고 밝힌 적은 없지만, 비트코인 단어의 유래가 히브리어의 '신뢰'를 뜻하는 'bitachon'에서 왔다는 주장이 있는 것을 보면 가능성이 전혀 없는 건 아닙니다. 그러나 유대인이든 아니든 중요한 사실은 닉 재보가 여전히 자신이 사토시라는 사실을 부인하고 있다는 점입니다.

그다음으로 후보에 오른 사람은 넷스케이프라는 예전의 인터넷 브라우저를 개발하고 벤처캐피털로 변신에 성공했던 마크 안드레센Marc Andreessen입니다. 그는 「포브스」지와의 인터뷰에서 비트코인은 초기 인터넷 이후 최대의 기회라고 설명하면서 후보에 올랐죠. 그러나 유명인이 신분을 속이고 몰래 활동한다는 것은 힘들다는 게 지론입니다.

그런데 스스로 자신이 사토시 나카모토라고 밝힌 사람도 있었습니다. 호주의 프로그래머 크레이그 스티븐 라이트Craig Steven

Wright입니다. 그는 일본인도 아니면서 왜 사토시라는 이름을 썼느냐는 질문에 어려서부터 일본 문화를 좋아했고 일본도를 책상 옆에 걸어 놓았다고 답했습니다. 그러면서 "홀어머니 밑에서 자란 저에게 영향을 준 사람은 한 일본인이었습니다. 그로부터 협력하는 문화를 배웠지요. 그 사람으로부터 에도시대 때 개방을 주장하고 일본의 변화를 주장했던 나카모토라는 철학자를 알게 되었고, 그를 존경하는 의미에서 사토시 나카모토라는 이름을 생각해낸 것입니다."라고 말했습니다.

2018년까지 출간된 디지털 책들은 사토시 나카모토를 라이트로 확정해 버린 책이 꽤 많았습니다. 그러다 돌발 변수가 발생합니다. 러시아 이민자로 블록체인 기술 프로그래머로 활동하다 이더리움을 개발한 비탈릭 부테린이 도전장을 내민 것입니다,

"당신이 사토시라면 사토시 개인키로 서명한 뒤에 이를 게시판에 올려 보세요."

이것보다 확실한 증거는 없죠. 그런데 라이트는 그러지 못했습니다. 이는 사토시가 아니라는 결정적 증거였죠. 라이트가 사토시의 개인 키를 가지고 있지 않다는 사실이 증명됨으로써 그동안의 거짓말이 들통나 버렸습니다.

도대체 사토시는 누구일까요? 『부의 대전환, 코인 전쟁』이라는 책에서는 세계 금융을 지배하는 유대인들이 암호화폐에도 크게 기여했다고 주장합니다. 『유대인 이야기』를 쓴 유대인 전문가 홍

익희 박사는 닉 재보가 유대인이라고 확정적으로 발언합니다. 그리고 그가 블록체인 기술의 발전에 기여한 유대인으로 지목한 또한 명의 인물은 데이비드 차움$^{David Chaum}$으로 뉴욕대학 경영대학원 교수입니다. 암호학자이며 컴퓨터공학자인 동시에 경영학자인 그는 26세 때부터 암호학에 심취하며 중앙정부의 간섭과 통제로부터 벗어난 암호학을 컴퓨터공학에 접목한 주인공입니다. 권력으로부터 개인의 권리를 보호해야 한다는 철학을 소유한 인물이죠. 차움의 주장은 개인이 프라이버시를 보호하려면 개인들의 자금 거래를 추적당하지 않는 게 중요하다고 강조합니다.

데이비드 차움은 1981년도에 믹스 넷이라는 이메일 시스템을 개발했습니다. 이는 개인이 이메일을 보낼 때 서버를 여기저기 거쳐 출처를 추적할 수 없게 하는 방식입니다. 그의 관심은 통신에서 금융으로 진화했고, 자신의 신분을 드러내지 않고 서명할 수 있는 은닉 서명을 발명하기도 했습니다. 또한 암호화폐의 연대를 주장하면서 1990년 최초의 암호화폐인 이캐시^{XEC}를 개발하기도 했습니다. 그리고 디지캐시라는 암호화폐 업체도 설립했지만 이는 정부의 견제로 실패하고 말았지요.

저는 닉 재보를 포함해서 지금까지 거론된 인물 중에서 사토시 나카모토가 나올 수 있겠다는 조심스런 추정을 해 봅니다. 홍익희 박사는 비트코인이 하루 아침에 탄생한 것이 아니라 유대인 암호학자들이 30년간 개발한 끝에 발명된 결과물이라고 합니다.

골드만 삭스의 창업자, 행동주의 투자자의 대부 칼 아이칸^{Carl} Icahn, 세계 최대의 사모펀드 블랙스톤의 창업자 스테판 슈왈츠만, 운용자산이 1경 2천조 원이 넘는 세계 최대의 자산운용사 블랙록의 래리 핑크 회장, 세계 최고의 헤지펀드 투자가 조지 소로스, 베이비 버핏이라고 불리는 하버드대학 비즈니스스쿨 출신 투자자 빌 애크먼 등 모두 유대인입니다. 워런 버핏이나 올 웨더 포트폴리오로 유명한 브리지워터 어소시에이츠의 회장인 레이 달리오, JP모건의 제이미 다이먼 회장을 제외하면 세계의 돈은 유대인이 쥐락펴락한다는 것은 절대 과장이 아닙니다. 그 돈에는 가상의 자산 시장을 평정한 비트코인도 포함되어 있습니다.

가상 부동산의 인기는
이미 1980년에도 있었다

메타버스와 NFT 시장의 교집합을 들라면 디지털 부동산을 꼽을 수 있습니다. 실제 부동산이 아닌 가상의 부동산을 사고판다는 점에서 메타버스적이면서 그 과정에서 어떤 디지털 등기를 보장해 주는 서비스가 NFT입니다. NFT 기술을 이용하면 누가 소유자인지 분명히 가려집니다. NFT는 이 책의 미술, 영화, 게임, 음악 파트에서 계속 언급이 됩니다. 이번 파트에서는 NFT 기술만 짚고 넘어가겠습니다.

'어스2Earth2'라는 가상의 부동산을 사고파는 플랫폼이 있습니다. 어스2는 '구글 어스Google Earth'를 기반으로 가상의 지구를 10X10cm, 즉 10제곱미터로 분할한 뒤 자유롭게 사고팝니다. 홈페이지에서 회원가입 후, 포인트를 충전하고 지도를 보면서 자기가 사고 싶은 땅을 사면 됩니다. 물론 실제 땅이 아닌 어스2의 서버 어딘가에 있는 좌표를 사는 거지요. 현재 사용자들의 이야기를 들어보면 우리나라 땅은 비싸게 거래되고 있어 상대적으로 저렴한 땅인 미국이나 캐나다로 눈을 돌린다고 합니다. 어스2는 2020년 11월, 서비스를 시작할 당시만 해도 전 세계 땅값은 10제곱미터당 0.1달러였지만 지금은 엄청나게 올랐습니다.

투자자들은 어떤 심리로 이 가상 부동산에 투자할까요? 영토 분쟁 지역에 사는 국민들은 애국심을 발휘해 가상 부동산을 사려는 경향도 있다고 합니다. 그러니 앞으로도 땅값이 오를 확률이 높습니다.

어스2에서 가장 많은 땅을 보유한 사람의 순자산은 현재 54만 달러(6억 3,500만 원)에 달하는 것으로 알려져 있습니다. 이 투자자는 약 28만 달러(3억 6,400만 원)를 번 것으로 나타났습니다. 단순 계산하면 수익률이 51.8%나 됩니다. 지난 2021년 한국 증시가 2% 조금 넘게 성장한 걸 고려하면 어마어마한 수익률입니다.

그런데 아직은 사용자 수가 미미하다 보니 제도적인 문제로 수익을 내도 어스2에서 번 돈을 인출하는 것은 사실상 불가능합니다. 또한 까다로운 인증 절차를 거쳐야 할 뿐만 아니라, 회사 측과의 협의 답장을 받는 데도 최소 한 달은 걸린다고 합니다. 국내에서 메타버스라는 단어를 최초로 유행시켰던 강원대학 김상균 교수도 투자자들을 보호할 수 있는 안전장치나 보험 역시 부재하다는 점을 지적합니다.

『NFT 레볼루션』에서는 디센트럴랜드Decentraland라는 미국의 가상 부동산 업체를 자세하게 소개합니다. 디센트럴랜드는 NFT가 가장 선호하는 블록체인 코인인 이더리움 기반입니다. 이더리움의 스마트 계약(Smart Contract, 계약 조건을 블록체인에 기록하고 조건이 충족됐을 경우 자동으로 계약이 실행되게 하는 프로그램)에 자동으로 기록이 되는 자체 코인인 마나MANA를 사용하죠. 비트코인이 중앙은행으로부터 자유를 추구했다면, 디센트럴랜드는 메타플랫폼스(페이스북)와 같은 대규모 독점적 플랫폼에 맞서기 위해 만들어졌습니다. 메타플랫폼스는 27억 명의 사용자들이 모여 상호작용하고 콘텐츠를 공유하고 게임을 할 수 있는 생태계를 만들었지만 한계는 분명 있습니다. 메타플랫폼스 자체가 또 하나의 정부로서 중앙 집권적 조직이 관리하는 형태가 된 것이죠.

디센트럴랜드는 콘텐츠 제작자가 자신의 창작물을 최대한 소유하고 지배할 수 있는 네트워크 구축을 목표로 2015년에 탄생했습니다. 암호화폐가 대중화되면서 자체 암호화폐를 유통시킴으로써 사용자 편의성를 높였습니다. 어스2나 디센트럴랜드의 성공 여부는 네트워크 효과, 즉 얼마나 많은 사람이 이용하느냐에 달려 있습니다. 사용자가 디센트럴랜드에 상점을 열어 물건(디지털 상품)을 판매해 수익을 올리고 성장하려면 다른 사용자가 늘어나야 합니다. 이게 바로 네트워크 효과입니다. 디센트럴랜드처럼 자체 코인을 발행하는 곳은 가상공간의 디지털뿐 아니라 코인 자체의 거래도 코인 거래소에서 가능합니다. 현재 마나는 개당 1,000원 선에서 거래되고 있으며 유통량은 18억 2천만 개나 됩니다. 저는 디센트럴랜드의 성공 가능성을 반반으로 내다봅니다. 유통량이 비트코인보다 너무 많다는 것은 단점이지만 가상 부동산에서 땅을 가상으로 구입해 수익을 창출하는 비즈니스 모델은 참신하기 때문입니다.

그런데 갑자기 이런 의문이 듭니다. 실제 땅 소유자는 따로 있는데, 온라인에서 마음대로 땅을 사고판다는 것인가? 어찌 보면 인터넷의 봉이 김선달 같은 거죠. 그런데 인터넷 봉이 김선달의 원조는 인터넷이 등장하기도 훨씬 전에 이미 있었습니다.

미국의 봉이 김선달은 데니스 호프Dennis Hof입니다. 1980년 그는 신문에 "토끼가 사는 달나라 땅을 사세요."라는 광고를 냅니다. 호프는 '루나 엠버시(Lunar Embassy, 달의 대사관이란 뜻)'라는 회사를 차리고 우주 부동산을 팔기 시작했죠. 그가 판매하는 천체 목록에는 달은 물론이고 화성, 수성, 금성까지 포함돼 있었습니다. "이거 사기 아냐?"라고 의심이 들기 마련인데 루나 엠버시를 통해 우주 부동산을 산 사람은 매우 많습니다. 세계적으로 600만 명 이상이 구매했으며 우리나라 사람도 1만 명이나 된다고 합니다. 유명인 중에는 로널드 레이건, 지미 카터, 조지 W. 부시 대통령과 영화배우 톰 크루즈, 니콜 키드먼, 톰 행크스 등이 달나라 땅을 샀습니다.

호프는 얼마에 팔았을까요? 에이커(약 4,047제곱미터)당 24달러를 받았습니다. 토지 가격 19.99달러, 보유세 1.5달러, 등기서류 비용 2.5달러를 더한 가격입니다.

그런데 이게 법률적으로 가능한 일인지 궁금증이 생깁니다. 미국과 소련 간에 달에 누가 먼저 유인 우주선을 보낼지를 놓고 경쟁이 치열하던 1967년 당시, 지구에 있는 나라들은 유엔에서 우주 개발과 관련한 조약을 체결했습니다. 이게 바로 우주 조약입니다.

제2조에 '달과 기타 우주 천체를 포함한 외기권은 주권의 주장에 의하여, 또는 이용과 점유에 의하여, 또는 기타 모든 수단에 의한 국가 전용의 대상이 되지 않는다(Outer space, including the moon and other celestial bodies, is not subject to national appropriation by claim of sovereignty, by means of use or occupation, or by any other means)'라고 규정하고 있습니다. 호프는 이 허점을 노린 거죠. 조약에 따르면 어떤 국가도 우주 부동산에 대한 소유권이나 판매권을 가질 수 없습니다.

그는 오히려 소송을 걸었습니다. 그는 "우주 조약은 국가 또는 단체가 소유권을 주장할 수 없다고 되어 있지, 개인은 빠져 있다. 따라서 달 등의 소유권은 가장 먼저 주장한 나에게 있다."라고 했습니다. 놀랍게도 데니스 호프가 이겼습니다. 미국 샌프란시스코 법원은 반박할 논리가 없다며 그의 손을 들어줬습니다. 독일에서도 호프를 사기꾼으로 몰면서 재판을 걸었지만 독일 법원 역시 "우주는 법원의 관할권이 아니기 때문에 사기죄를 다룰 수 없다."라고 판결했습니다. 100여 개 나라가 서명한 유엔 우주 협약을 고쳐서 개인의 소유권을 금지하면 되지 않느냐고 반문할 수 있지만 이미 소유권을 주장하고 인정됐기 때문에 소급 입법을 만들 수 없습니다. 데니스 호프는 지금까지 이런 식으로 70억 원을 벌었습니다. 봉이 김선달이 땅을 칠 일입니다.

양자역학의 관점에서
메타버스를 이해하다

　메타버스란 현재 우리가 사는 우주를 초월해서 온라인과 오프라인이 결합된 새로운 우주에서 삶을 이뤄 가는 것을 말합니다. 메타버스의 출발을 1992년도에 출간된 닐 스티븐슨[Neal Stephenson]의 『스노 크래시』로 보는 견해도 있지만, 저는 그보다 훨씬 더 역사가 길다고 봅니다. 바로 상대성 이론과 함께 20세기 초반 등장해 물리학은 물론 공학과 문화까지 정복한 양자역학이 메타버스와 연결된다고 생각합니다. 양자역학을 빼고는 20세기 역사를 논할 수가 없죠.

　양자역학의 거시적 단계에서는 위치 및 운동에너지를 결정론적으로 설명이 가능하지만, 원자 이하의 크기인 양자 수준에서는 에너지가 결정론이 아닌 확률적으로 존재한다는 게 핵심입니다.

양자역학에는 두 가지 조류가 있습니다. 하나는 빛을 포함해 세상의 모든 것이 양자로서 결국 파동이면서 입자일 수밖에 없지만, 현실이 현실 자체로서 존재한다는 입장입니다. 아인슈타인, 오스트리아의 에르빈 슈뢰딩거, 프랑스의 드브로이의 이론이 여기에 속합니다. 반현실주의는 관측자가 관측을 하기 전까지는 그것이 실재한다는 보증을 과학적으로 보기 힘들다는 입장이지요. 즉, 내가 달 쪽을 향해 달을 보고 있어야 달이 존재하는 거지, 달이 우리의 관측과 별도로 존재하는 것은 아니라는 것입니다.

우리의 상식과 직관에 모순되는 이런 입장을 지지하는 양자역학 이론가들 중에는 불확정성 원리의 하이젠베르크와 상보성 원리의 닐스 보어, 배타 원리의 파울리, 인공지능 컴퓨터 개발에 지대한 공을 세운 수학자 존 폰 노이만이 있습니다.

결국 양자역학은 아인슈타인이 버티고 있는 현실주의 진영이 지고, 반현실주의자의 승리로 끝납니다.

반현실주의를 대표하는 하이젠베르크의 불확정성 원리는 어떤 물체의 위치를 알면서 동시에 운동량(속도)을 알 수는 없다고 주장합니다. 미시적 수준에서 입자는 동시에 두 곳에서 존재할 수 있는 모순적 상황이 전개된다는 거죠. 이게 바로 양자의 중첩 상태입니다.

슈뢰딩거의 고양이 사고실험에서 죽지도 않고 살아 있지도 않은 삶과 죽음이 중첩된 상태로서의 고양이가 바로 양자역학에 대한 쉬운 비유입니다. 상자에는 가이거 계수기가 있고 우라늄이 노출되어서 고양이가 죽었는지 살았는지는 상자를 열어 관측자가 확인하기 전에는 알 수가 없어서 상자 안의 상태는 살지도 죽지도 않은 상태로 있다는 것이 양자역학을 일반인들이 가장 쉽게 이해하는 방법입니다.

모든 것은 파동, 즉 확률론적으로 존재할 뿐입니다. 상자를 여는 순간 파동함수는 붕괴되면서 산 고양이와 죽은 고양이 중 하나가 현실이 됩니다. 그러나 양자역학을 신봉하는 사람들은 산 고양이가 발견되더라도 죽은 고양이가 따로 있는 세계, 즉 우주가 분기된다고 주장합니다. 슈뢰딩거의 고양이는 이제 너무나 유명해져서 티셔츠 광고 모델이 되기도 하고 팝송의 주인공이 되기도 합니다. 과학을 넘어 하나의 문화가 된 것이죠.

양자역학은 한 걸음 더 나아가서 1950년대 휴 에버렛Hugh Everett 이라는 학자에 의해 다중세계, 이른바 평행우주 이론으로 발전합니다. 즉, 각각의 선택 분기점에서 우주는 둘로 쪼개지면서 사실상 무한대로 늘어난다는 것이죠. 이 우주는 얼마나 많을까요? 현실주의자 입장에서는 우리가 사는 단 하나의 우주만이 현실이지만 반현실주의자들이 보기에는 우리 몸을 구성하는 원자(100조 개의 세포에 100조 개의 원자수를 곱하면 답이 나온다)가 충돌할 때마다 우주가 분기된다고 생각하면 정말 입이 다물어지지 않을 큰 수의 우주가 나옵니다. 어떤 우주에는 내가 히틀러처럼 악당이 되어 인류를 학살할 수도 있고, 또 다른 우주에서는 간디가 되어 인류 평화를 위해 노력할 수도 있는 거죠. 이런 말도 안 되는 반직관적인 일이 사실로 판명된다면(우주론의 현대판인 초끈이론의 해는 답이 하나가 아닌 무한대로 나온다) 이는 평행우주를 뒷받침하는 증거라고 이론 물리학자 미치오 가쿠 박사는 말합니다. 또한 인간은 비윤리적 삶을 살게 된다고 주장한 양자중력학자 리 스몰린Lee Smolin 박사는 이렇게 말합니다.

"지금 이곳에서 살아가는 내가 아무리 노력해도 삶의 질을 개선할 수 없는 복사본이 다른 분기에 무수히 많이 존재한다면 내가 현세에 열심히 노력할 이유가 어디 있는가? 가능성과 현실의 경계가 모호해지면 이 세상을 더 좋은 곳으로 만들겠다는 의지도 약해지기 마련이다."

그럴 수도 있겠죠. 모든 가능한 버전의 내가 존재한다면 굳이 머리를 굴려 선택할 이유가 없어질 겁니다. 내가 올바른 선택을 한다고 해도 어떤 우주에서는 잘못된 선택을 해서 내가 히틀러가 될 수도 있는 겁니다. 리 스몰린 교수는 다중세계를 믿어 버리면 도덕적 책임감에서 자유로워질 수 있기에 세상은 점점 더 살기 힘든 공간으로 변해 간다고 봅니다.

메타버스는 양자역학의 다중세계 해석 이론에 바탕을 두고 있습니다. 현실의 나는 빈한한 삶을 살지만, 가상현실에서는 부유한 사업가로서 페라리를 몰고 싶은 꿈을 꾸게 마련입니다. 그리고 우리는 점점 더 가상세계를 현실처럼 느끼고 싶어 합니다. 그래서 구찌 핸드백이 오프라인보다 온라인 메타버스에서 더 비싸게 팔립니다. 사람들의 이런 심리를 너무 잘 아는 기업들은 메타버스 사업에 뛰어들고 있지요. 즉, 나와 또 다른 나로 살면서 꿈꾸던 욕망을 양자역학이 해소해 주는 가능성을 연 것입니다.

양자역학의 영향이 너무 커서일까요? 현대인들은 물질적으로는 진보했지만, 정신적으로는 퇴보했다는 주장이 끊이질 않습니다. 그러나 돈을 버는 투자자의 입장에서는 세상이 어떤 방향으로 가든 양자역학에서 영감을 얻을 수 있습니다.

투자는 결국 확률 싸움입니다. 확률은 과거 비슷한 상황에서 상향한 경험이 몇 번, 하락한 경험이 몇 번으로 60% 비율로 주가가 오를 거라고 보는 빈도 확률과, 내일 비가 70% 올 거라는 식으로 주관적 믿음을 나타내는 베이즈 확률론Bayesian probability이 있습니다. 둘 다 투자자에게 중요합니다. 빈도 확률은 주가의 차트를 중시하는 기술적 분석에서 중요하고, 주관적 확률은 전망과 예측에 본질적으로 중요하죠. 모든 것을 확률적으로 생각하면서 항상 확률이 높은 쪽을 선택하는 것이 바로 양자역학이 투자자들에게 가르쳐 주는 투자의 진실입니다.

화폐의 역사,
블록체인으로 완성되다

비트코인은 돈의 새로운 종류이고, 블록체인이라는 원천 기술을 바탕으로 이루어집니다. 메타버스는 온오프라인이 결합된 미래 인류가 살아갈 새로운 공간이지요. 이곳에서 쓰이는 화폐가 바로 'NFT'입니다. NFT는 비트코인 다음으로 유명한 암호화폐인 이더리움을 기반으로 발행됩니다. 결국 비트코인이나 NFT는 화폐, 즉 '돈'입니다. 돈의 본질은 '신뢰'입니다.

돈은 물품화폐에서 금속화폐를 거쳐 지폐에 이르는 꽤 긴 시간을 거쳐 진화해 왔습니다. 지금은 지역화폐, 암호화폐, 디지털화폐 등으로 진화 중입니다. 화폐가 진화할수록 신뢰가 더욱 축적되고 있습니다. 실물을 직접 교환하지 않는 한, 모든 거래의 수단은 신뢰가 없으면 가치를 발휘할 수 없습니다. 지금은 실물화폐가 거의 사라졌고 금속화폐와 지폐가 주류를 이룹니다.

'동전'이라는 금속화폐는 기원전 3000년 전 청동기 시대 때 메소포타미아 문명에서 처음 사용되었습니다. 그러나 실물은 전해지지 않고 기록으로만 남아 있습니다. 실물로 기록된 가장 오래된 금속화폐는 기원전 8세기경 춘추전국시대에 쓰인 것입니다. 세계 최초의 지폐는 중국에서 나왔습니다. 바로 원나라 초대 황제 쿠빌라이 칸이 집권하던 때였죠. 송나라 때 일종의 어음 기능을 했던 '관교지'가 기원이라는 주장도 있지만, 원나라 때 발행된 '교초'는 동남아시아와 고려, 일본 등은 물론 서쪽으로 시리아까지 널리 쓰였습니다. 지금의 달러처럼 당시에는 교초가 기축통화였죠. 유럽보다 400년이나 앞선 기록입니다.

우리나라에서 지폐가 만들어진 시기는 조선시대 말이니 중국이나 유럽에 비해 한참 늦었죠. 고종 황제는 한성에 '태환서'라는 관청을 만들었는데 현대의 조폐공사로 1893년 최초의 지폐인 '호조태환권'을 찍어냈습니다. 일제는 1914년부터 조선은행을 설립, 일본의 무병장수를 상징하는 수노인을 도안으로 100원권을 발행하기 시작했습니다.

지금까지 발행된 지폐 중에서 액면가가 가장 높았던 지폐는 하이퍼 인플레이션을 겪은 바이마르 공화국 시절, 독일에서 발행한 100조 마르크가 최고입니다. 당시 가치는 100달러 정도에 불과했습니다. 짐바브웨에서도 2009년 제1차 세계대전 이후 독일과 타이를 이루는 100조 달러 지폐가 등장하기도 했죠. 이런 종이돈은 설사 조 단위가 되어도 화장실 휴짓조각만도 못하다고 봐야죠. 지폐는 신뢰를 잃으면 더 이상 돈의 역할을 하지 못하기 때문이죠.

위조지폐 문제는 언제나 국가 지도층을 괴롭혀 왔습니다. 제2차 세계대전 때는 나치가 영국에 파운드 위조지폐를 유통시켜 인플레이션으로 영국을 무너뜨리려 했죠. 우리나라에서도 컬러복사기가 등장한 이후 위폐범이 늘었습니다. 지금은 카드를 사용하는 국민이 훨씬 더 늘어나면서 종이돈의 시대가 서서히 종말을 고하고 있습니다. 스웨덴은 현금 없는 나라를 선도하는 국가입니다. 2030년쯤이면 스웨덴에서 종이돈이 완전히 사라질 것으로 전망합니다.

21세기는 암호화폐의 시대입니다. 암호화폐는 탈중앙, 즉 중앙은행 같은 발행기관이 없으며, 암호화 기술Cryptography을 사용하는 전자화폐를 말합니다. 환전할 필요 없이 송금도 할 수 있기 때문에 은행 계좌가 없는 개발도상국에서는 스마트폰만 있으면 화폐 역할을 얼마든지 대신할 수 있죠. 엘살바도르가 '비트코인'을 법정통화로 삼은 이유도 외국에서 일하는 자국민이 본국으로 보내는 돈(매년 40억 달러 추정)으로 국부의 대부분이 이루어지는 상황에서 수수료를 줄일 수 있는 대안이 되기 때문입니다.

비트코인은 여러 가지 장점이 있습니다. 발행량이 2,100만 개로 정해져 있어서 무한정 찍어내면서 벌어지는 인플레이션이라는 돈의 가치 하락을 피할 수 있습니다. 인터넷을 없애지 않는 한 어느 나라 정부나 기관도 비트코인 발행을 막을 수는 없지만, 거래자의 거래정보를 전 세계 비트코인 참여자의 PC에 나눠서 보관(분산원장 기술이다. 반면 중국 정부가 주도하는 디지털 화폐는 이 방식이 아니라 중앙은행이 모든 기록을 쥐고 있는, 즉 국가가 원하면 언제든지 국민들의 계좌를 열어볼 수 있는 방식이다)하기 때문에 전 세계 PC 수천만 대를 동시에 해킹하지 않는 한 위조 및 변경은 불가능합니다. 블록체인이 역사상 등장한 모든 화폐 중에서 가장 신뢰도가 높은 이유입니다.

비트코인의 가격이 한때 7만 달러(7월 22일 현재 2만 3천 달러 선으로 떨어져 있다)를 넘고 사용자가 억 단위로 늘어나면서 이제 사람들은 자신이 가진 비트코인의 가치가 0원으로 전락할 걱정은 하지 않습니다. 사기 거품이라는 지적 또한 갈수록 줄어들고 있습니다.

블록체인은 다양한 분야에서 활용할 수 있는데, 농축산물 유통 시스템에 적용하면 원산지 허위 표시를 막을 수 있습니다. 화폐가 곧 '신뢰'라는 사실을 고려하면 시간은 비트코인을 포함한 블록체인 진영 편이라는 생각이 듭니다.

2장

SF소설에서
미래 투자의
힌트를 얻다

투자를 문화로 배우려면 문사철(문학, 역사, 철학)이 아니라 사문철(역사, 문학, 철학) 순서로 기초를 다지는 게 좋습니다. SF소설은 투자 공부, 미래 공부에 도움이 됩니다. 메타버스의 전통은 우리 고전 문학에서도 찾을 수 있습니다. 『달러구트 꿈 백화점』은 성장주 투자에서 특히 주목한 PDR의 위력을 알게 해 줍니다. 이더리움에 투자한 흙수저 세 여성의 탈출기는 MZ세대의 마음을 읽는 데 도움을 줍니다.

닐 스티븐슨이 만든 유행어 '메타버스'와 제프 베이조스와의 인연은 흥미롭습니다. 마지막으로 미국의 대중국 무역 전쟁에서 적극적으로 대만을 돕는 대만계 소설가 테드 창과 대만계 CEO 젠슨 황의 이야기를 들어보세요. 그리고 작가가 되어 NFT로 글을 쓸 수 있는 방법도 소개합니다.

투자자라면 SF소설을
읽어야 하는 이유

　제프 베이조스가 쓴 유일한 책인 『발명과 방황』에서 닐 스티븐 슨의 이름을 발견하고는 놀란 적이 있습니다. 닐 스티븐슨은 그가 좋아하는 작가로 자주 이메일을 주고받는다고 합니다. 베이조스 는 일론 머스크나 빌 게이츠처럼 열혈 독서광은 아니지만 틈나는 대로 SF소설을 읽으며 아이디어와 영감을 얻습니다. 실제 닐 스티븐슨은 아마존 본사가 있는 시애틀에 거주하며 제프 베이조스 가 아마존 CEO에서 물러난 뒤 주력하는 우주 개발업체 '블루 오리진'의 비상임 고문으로 일하고 있습니다. 가상현실에 특히 관심 이 많은 그는 VR 망막 디스플레이 제품을 개발하는 스타트업 '매직 립Magic Leap'의 미래학 부문 최고임원으로도 활동 중입니다.

　1959년 메릴랜드주 포트 미드에서 태어난 스티븐슨은 아버지와 어머니를 비롯하여 할아버지와 외할아버지에 이르기까지 모두가 과학자인 집안에서 자랐습니다. 그는 보스턴대학 물리학과에 입학했다가 지리학으로 전공을 바꿔 인문학과 자연과학을 통섭하는 작가가 됩니다. 그의 작품에는 과학, 수학, 암호학, 신학, 역사, 언어학, 철학, 궤도과학이 농축돼 있습니다. 그리고 NFT의 원조인 사이버펑크 운동이 그가 다루고자 하는 주된 세계죠.

닐 스티븐슨의 저서 『스노 크래시』의 주인공은 해커 피자 배달부 '히로'입니다. 일본인과 한국인의 혼혈로 묘사됩니다. 데몬 메타버스라고 불리는 가상현실에 접속해 아바타로 자유분방한 삶을 사는 모습을 30년 전에 예측했다는 게 놀랍습니다. 이 메타버스의 규약이 디파이어드 마이어로 탈중앙화된 NFT의 DAO 시스템과 그대로 겹쳐지는 점도 신기합니다. 소설에서 스티븐슨은 이렇게 말합니다.

> "위험한 세상이오, 늘 더 위험해지고 있지. 그래서 우리는 공포의 균형을 뒤엎기 싫은 거요. 냉전이 사라진다고 두려움이 사라지지 않는 걸 보면 알 거요."

1992년이 바로 냉전이 끝난 시점이죠. 그 시점에 이미 인류가 냉전보다 더 무서운 신냉전(미중 갈등)을 겪고 현실에서 추구하지 못한 위험을 가상공간에서 마음껏 추구하는 무법천지의 사이버펑크 세상을 그렸습니다.

『세븐 이브스』는 베이조스에게 직접 영감을 준 책입니다. 2015년에 쓰인 이 소설은 바야흐로 멸망(소설에서는 화이트 스카이로 표현)을 앞둔 인류가 살기 위해 우주로 나갈 수밖에 없는 상황을 그립니다. 제비뽑기로 우주로 갈 172명을 고르고, 남은 사람들 중 안락사를 원하는 이들을 위해 안락사 약을 거의 무한에 가깝게 공급합니다. 그런데 그 약으로도 부족해지자 핵폭탄을 터뜨려 인구를 줄일 생각을 합니다. 그리고 마침내 그날이 옵니다.

책의 3부에서는 3년을 우주에서 희망 없이 떠도는 인류가 자살을 선택하면서 서서히 숫자를 줄여나가는 장면이 나옵니다. 인류를 더 많이 남기기 위해서는 남성보다 여성이 많아야 하기에, 살아남은 인구의 성비는 여자 3 남자 1로 바뀝니다. 그리고 마침내 7명의 여성만이 남고, 이 여성들은 소행성에 착륙해 처녀 생식을 통해 인류의 존속에 성공합니다. 그리고 5000년 뒤 여성만 남은 인류는 마침내 Y염색체 합성법을 발견하고 인류는 남성 없이 여성만으로 진화하게 됩니다.

이 책은 제프 베이조스 외에 독서광 버락 오바마 대통령도 팬으로 알려져 있습니다. 빌 게이츠는 자신이 읽은 SF소설의 모든 것이 이 책에 응축되어 있는 것 같다고 극찬하기도 했습니다.

이들은 왜 종말론적인 하드코어 SF에 열광했을까요? 바로 암담한 미래를 막기 위해 인류는 공동으로 노력해야 한다는 메시지를 모든 인류에게 던지고 싶었던 것입니다. 지구에 갇혀 서로 싸우지 말고 메타버스 같은 가상공간이나 진짜 실물의 우주를 향해 나아가라는 메시지를 세계의 리더들에게 전하고 싶었던 것이죠.

닐 스티븐슨은 언제나 시대를 앞서가는 선견지명의 작가로 그 통찰력의 배경에는 풍부한 지식과 경험이 자리 잡고 있음을 알 수 있습니다. 성공적인 투자를 하기 위해서는 열심히 공부해야 합니다. 그 공부에는 기업에 대한 연구뿐 아니라, 좋은 SF소설 읽기도 반드시 포함되어야 함을 세계의 슈퍼리치들은 말해 줍니다.

최초의 메타버스 소설은
우리나라에 있었다?

메타버스라는 키워드가 처음 등장한 것은 92년에 아마존의 창업자 제프 베이조스의 멘토 닐 스티븐슨이 쓴 『스노 크래시』입니다. 현실과 가상을 초월해서 완벽한 판타지를 보여주는 전통은 서양에만 있었던 게 아닙니다. 바로 우리에게도 있었습니다. 많은 사람이 우리나라를 SF소설의 볼모지로 생각합니다. 사람들이 워낙 현실적이어서 비현실적인 SF문학은 어린이들이나 좋아하는 수준 낮은 작품으로 천대하는 분위기가 있었지요.

우리나라 최초의 소설은 김시습의 『금오신화』입니다. 15세기 초 그가 쓴 단편소설집 『금오신화』에는 「남염부주지」, 「만복사저포기」, 「이생규장전」, 「용궁부연록」, 등이 실려 있습니다. 「남염부주지」는 저승이 배경이고, 「용궁부연록」은 영화 아쿠아맨처럼 바닷속 용궁이 배경이죠. 「취유부벽정기」와 「이생규장전」은 살아 있는 사람이 귀신을 만나는 이야기입니다. 환생과 저승 이야기가 도배를 하고 있는 요즘 웹소설의 원조라고 할 수 있는 판타지 문학의 전통이 서양에서 수입된 것이 아니라 우리에게도 있었다는 것이죠. 인기를 끌고 있는 우리나라 웹소설 작가들은 외국의 판타지 소설만 읽는 게 아니라 우리의 고전 소설을 통해서도 영감과 아이디어를 얻고 있습니다.

『금오신화』의 전통은 계속 이어져 오고 있습니다. 17세기 후반에 쓰인 김만중의 『구운몽』은 제가 생각할 때 최초의 메타버스 소설로 불러도 손색이 없는 작품입니다. 메타버스가 꿈과 현실이 구분되지 않는 경지를 뜻한다면 메타버스는 곧 『구운몽』이 됩니다.

『구운몽』에는 성진이라는 스님이 주인공입니다. 그는 육관대사의 심부름으로 용궁을 가게 됩니다. 용궁에서 성진은 술을 마시게 되고 오는 길에 팔선녀와 눈이 맞습니다. 이를 알게 된 육관대사는 분노하여 성진과 팔선녀를 지옥에 떨어지게 하고 성진은 양소유로 환생하게 됩니다. 양소유는 15세에 과거에 급제해 승상까지 오른 후 온갖 부귀영화를 누립니다. 그러다 진시황을 만나 자신이 누린 부귀영화가 한때의 꿈과 같은 것이었다며 인생 자체가 꿈과 같은 무상한 존재임을 깨닫습니다. 그때 다시 육관대사가 나타나고 성진은 꿈에서 깨어납니다. 이후 성진과 팔선녀는 도를 닦아 극락세계로 가게 된다는 이야기입니다.

갑자기 이런 궁금증이 듭니다. 성진이 진짜 실체일까요, 아니면 양소유가 진짜일까요? 지금 시점에서 생각하면 『구운몽』은 완전히 열려 있는 소설입니다. 우리 생각에는 높은 벼슬에 오르려 애쓰고 부자가 되려고 노력하는 양소유가 실제의 삶 같고, 산속에서 도를 닦는 성진이 꿈처럼 보입니다. 이처럼 꿈과 현실의 경계를 허물며 독자에게 선택권을 넘겨주는 것이 메타버스의 매력입니다.

이미 우리 조상들은 근대 소설, 그리고 SF 소설의 첫 탄생인 18세기 초반의 '프랑켄슈타인'보다 먼저 현실과 초현실을 섞어 버린 소설을 내놓고 많은 사람이 이 메타버스 세계에 탐닉하도록 했습니다. 『구운몽』의 대히트 후 현실과 꿈을 넘나드는 소설들이 잇따라 출간되면서 몽자류 소설이 주류를 이루었지요. 물론 구운몽에 영향을 준 장자의 호접몽 우화도 있긴 합니다.

메타버스나 NFT 등 기존의 문화를 바탕으로 한 투자 상품들이 과거 우리의 전통과 연결이 된다고 생각하면 현재의 우리에게는 두 가지 이점이 있습니다. 메타버스나 NFT 같은 신기술이 더욱더 친숙하게 느껴질 수 있고, K팝이나 드라마, 영화처럼 '메타버스 콘텐츠'도 잘 만들 수 있겠다는 자신감이 생깁니다. 메타버스를 찾기 위해 굳이 실리콘밸리까지 가지 않아도 우리의 역사와 문학의 전통 속에서 그 뿌리를 찾는 일은 국익과 우리에게 도움이 되는 효과가 분명 있다는 것입니다.

일론 머스크가
'인생 책'으로 꼽은 『파운데이션』

    테슬라의 CEO 일론 머스크는 독서광으로, 특히 SF소설을 탐독합니다. 그가 읽은 1만 권의 책 중에서 베스트10을 간추리면 상위권에 현대 SF소설의 아버지로 불리는 아이작 아시모프의 『파운데이션』 시리즈가 항상 포함돼 있습니다.

    로봇의 3원칙으로 유명한 아이작 아시모프는 1950년대 스타워즈의 원조라고 불리는 SF 대하소설을 집필했습니다. 물론 「스타워즈」처럼 행성 간의 전쟁은 아니지만, 행성과 행성의 이동 및 탐험을 다룬 주제의 책 가운데 『파운데이션』은 최고의 시리즈입니다.

    『파운데이션』은 인류가 우주로 나아간 지 수십만 년이 지나, 온 은하에 인류의 후손을 남겨 놓았지만 정작 지구는 존재 자체가 사라져 금기의 땅이 되어 버린 현실에서 지구인의 먼 후손인 우주인들이 다시 지구를 찾는다는 이야기입니다. 모든 등장인물(그중에는 로봇도 포함되어 있는데 소설이 끝나가는 시점에야 로봇이라는 사실을 알게 됨)이 생생하게 표현돼 입체적인 캐릭터 덕분에 지루할 틈을 주지 않고 흘러갑니다.

SF소설은 미래를 보여 주는 하나의 장치로만 끝나는 게 아니라 완벽한 플롯을 갖춘 살아 있는 유기체라는 사실을 아시모프는 잘 보여 줍니다. 그는 때에 따라 이야기에 개입해 독자들에게 필요한 부분을 설명하고 어떤 부분은 상상력에 맡기면서 적절히 긴장감을 불어넣으면서 독자들을 매혹합니다. 시각적인 묘사도 탁월하여 읽는 순간 눈앞에 그림이 펼쳐지는 듯합니다.

투자자의 관점에서 『파운데이션』을 보면 두 가지 주목할 점이 있습니다. 투자는 미래에 돈이 될 것으로 기대되는 사업(그게 땅이든 주식이든 원자재든 비트코인이든)에 자신의 현재를 맡깁니다. 미래는 행성 간 빛보다 빠르게 이동할 정도로 우주 기술이 발전해 있습니다. 그런 세상에서 사람들은 역사심리학이라는 학문에 빠져들며 과거로부터 교훈을 얻어내려고 합니다. 역사심리학을 통해 은하계의 미래를 예측하려고 하는 것이죠.

아시모프가 만든 역사심리학이라는 학문은 미래 사람들이 무엇에 돈을 쓰는지 보여 줍니다. 미래를 알고 싶은 사람일수록 과거 역사와 당시 사람들의 심리를 파헤치려 한다는 사실이 반영된 대목입니다.

　『파운데이션』에는 우주로 퍼져 나간 인류가 핵전쟁이라는 파멸을 겪은 조상에 대한 기억을 집단 망각으로 지워 내려고 하지만 결국에는 자신의 뿌리를 찾게 된다는 점에서 미래는 과거와 단절해 어느 날 갑자기 생겨나는 것이 아니라, 순간순간이 쌓여 미래로 조금씩 나아가는 것임을 말해 줍니다.

　또 한 가지 얻을 수 있는 투자 혜안은 언젠가 인류는 지구를 떠나 우주를 향해 걸음을 내딛는 날이 오리라는 것입니다. 인류는 2022년 4월에 첫 우주 민간 여행을 경험했습니다. 영국의 우주기업 버진 갤럭틱Virgin Galactic이 처음으로 우주(정확히는 대기권과 성층권 사이) 비행 티켓 판매를 시작했습니다. 1시간 30분 남짓한 짧은 경험이지만 1좌석당 5억 4천만 원이라는 큰돈을 내야 합니다. 앞서 2005년~2014년 버진 갤럭틱은 한정된 고객에게 20~25만 달러에 우주 관광 티켓 600여 장을 예약 판매했습니다.

　버진 갤럭틱을 시작으로 아마존의 최고경영자 제프 베이조스가 경영하는 우주 로켓 기업 블루 오리진Blue Origin도 달 여행 사업을 선보일 예정이며 일론 머스크도 화성 여행 상품을 내놓을 예정입니다. 세계 최고의 부자들이 결국은 우주가 돈이 된다는 생각에 우주 산업에 투자하고 있다는 사실에 우리는 주목해야 합니다.

테슬라 최고경영자 일론 머스크의 자율주행차에 대한 열정도 아시모프의 소설에서 기인했다고 봅니다. 아시모프가 1953년에 쓴 『샐리』에는 인공지능으로 움직이는 자율주행차, 나름의 생각과 성격을 가진 무인자동차가 등장합니다. 당시 그가 예상한 연도는 2015년이었습니다. 그는 이 소설에서 자율주행차가 대세가 되려면 일반 자동차들이 고속도로에 나와서는 안 된다는 법이 통과하자 사람들은 '공산주의네, 파시즘이네' 하며 비판합니다.

저자는 무인자동차의 시대에는 자동차를 소유하는 사람들이 줄고 공유 자동차를 이용하는 등(실제 일론 머스크가 구상 중인 자율주행차는 소유자가 직장에서 일하는 동안 자동차는 자율주행 택시업을 함) 우버와 비슷한 공유 경제가 미래에는 본격적으로 등장할 것으로 내다봤습니다. 대단한 선견지명이죠.

아시모프가 소설 속에서 예언한 미래 기술들은 이 밖에도 즉석식품, 무선으로 작동되는 가전 기기, 사막 지역에 건설되는 태양열 발전소 등이 있습니다. 이는 현재 연구 중이거나 실현된 것들입니다. 결국 일론 머스크는 자신이 열심히 읽은 아이작 아시모프의 SF소설을 현실화하는 데 일생을 바치고 있다고 해도 과언이 아닙니다.

김초엽의 SF소설에서
찾은 투자 방향

미래에 돈을 벌고 싶다면 SF소설 읽기를 권합니다. 부자들은 미래의 투자 방향을 SF소설에서 찾습니다. 그동안 우리나라 소설계는 SF 문학의 불모지에 가까웠지만, 최근 들어 김초엽, 정세랑, 이미예, 천선란 등의 작가들이 잇따라 등장하며, 한국 문학의 흐름을 바꾸어 놓았습니다. 저는 투자자라면 이 흐름을 놓치면 안 된다고 생각합니다.

SF 작가에는 세 부류가 있습니다. 상상력을 바탕으로 기발한 전개에 방점을 찍는 작가, 이야기 구조를 정교하게 짜 독자를 미래 세계로 빨아들이는 흡입력 있는 작가, 주제와 소재는 미래 과학이지만, 풀어가는 방식은 전통적인 순수 소설로 아름다운 미문으로 감동을 주는 스타일입니다.

첫 번째 스타일은 베르나르 베르베르, 두 번째 스타일은 『듄』 시리즈의 원작자 프랭크 허버트와 아이작 아시모프, 로버트 하인라인, 세 번째 스타일이 바로 김초엽 작가입니다. 그런 점에서 김초엽 작가와 가장 비교될 대상은 휴고상을 받은 최초의 아시아 여성 작가인 중국의 하오징팡이라는 생각이 듭니다. 김초엽 작가는 하오징팡과 신경숙을 합쳐 놓은 듯한 느낌입니다.

김초엽의 첫 장편소설 『지구 끝의 온실』은 프랭크 허버트와 미야자키 하야오로부터 동시에 영향을 받은 본격적인 에코페미니즘 소설입니다. 핵이 아닌 환경오염으로 지구가 멸망한 후 살아남은 인류는 환경오염에서 벗어난 축복받은 숲으로 피신합니다. 죽음의 먼지로부터 살아남기 위해 인류는 모스바나라는 식물을 키웁니다. 나오미, 아마라, 레이첼 등 등장인물들은 대부분 여성입니다. 김초엽이 다른 SF소설 작가들보다 환경 문제를 더욱 민감하게 다루기 때문에 2030의 MZ세대에게 호응을 얻고 있는 것 같습니다. 그는 ESG^Environmental, Social and Governance 같은 작가로 환경과 사회적 연대, 윤리의식이 작품에 녹아 있어서 젊은 층들이 열광하는 거죠. 투자 세계에 비유하면 젊은 투자자들은 김초엽 같이 미래지향적이면서 윤리적이고, 환경과 적극 공명하는 기업을 찾는다고 할 수 있습니다.

비슷한 시기에 나온 두 번째 소설집 『방금 떠나온 세계』는 하오징팡과 신경숙의 조합이라는 이미지를 더욱 확고하게 했습니다.

이 소설은 「최후의 라이오니」, 「인지공간」, 「개인방정식」 등 모두 7편의 단편이 수록되어 있습니다. 인공지능과 트랜스휴먼, 우주를 모티브로 저자의 전공인 생화학에서 한발 더 나아가 신경생물학과 이론물리학까지 두루 섭렵하면서 지적인 감수성의 깊이와 넓이를 동시에 보여 줍니다.

젊은 투자자들은 이야기가 있는 기업에도 열광하지만, 감성이 넘치는 인간미 있는 기업에도 열광합니다. 인공지능이 더욱 힘을 얻을수록 인간만이 느낄 수 있는 감성 상품이 인기를 얻을 것입니다. 지금은 메타플랫폼스나 카카오톡으로 모든 소통이 중앙 집권화되는 것처럼 보이지만, 앞으로는 비트코인의 SNS 버전이 등장해 탈중앙화되고, 개별화된 SNS가 인기를 얻는 세상이 옵니다. 거대 플랫폼에서는 못 느낄 감수성이 돈이 되는 세상이죠.

김초엽 작가의 데뷔작인 『우리가 빛의 속도로 갈 수 없다면』에서도 미래에 돈이 어느 방향으로 흘러갈지 예측하는 통찰력을 제공합니다. 바로 궤도 엘리베이터, 냉동인간을 만드는 딥프리징 기술, 인터넷에 의식과 기억을 올리는 마인드 이미징, 금속기계와 바이오 나노봇을 결합한 사이보그 그라인딩, 환경에 맞춰 인간의 몸을 바꾸는 판트로피(반대로 환경을 인간의 몸에 맞춰 바꾸는 기술은 테라포밍이다) 기술이 자유자재로 구사됩니다. 언젠가는 현실이 될 돈이 되는 기술입니다.

이런 기술의 시대에 결국 감성이 돈이 된다는 결정적인 힌트는 「감정의 물성」에서 찾을 수 있습니다. 「감정의 물성」에는 가까운 미래에 인간의 감정을 사고파는 시대가 도래합니다. 우울, 분노, 슬픔, 증오, 행복 등의 감정을 사서 소비합니다. 인간은 자신이 아닌 다른 존재를 온전히 이해하기 어렵습니다. 과학의 진보는 엄청난 속도로 이뤄지겠지만 감성적인 면에서 인간은 여전히 약한 존재입니다. 인간의 감성을 위로해 주는 비즈니스 모델에 관심을 가져야 하는 이유입니다.

『달러구트 꿈 백화점』으로
배우는 PDR의 힘

"금일 준비된 꿈은 매진입니다."

2020년과 2021년도 그해의 베스트셀러로 등극한 이미예 작가의 판타지 소설 『달러구트 꿈 백화점』은 꿈이 메마른 한국 사회의 현실을 반영하고 있습니다.

한국 사회는 특히 젊은 세대 사이에서 꿈이 없는 사회가 되었습니다. 치열한 경쟁을 거쳐 좋은 대학을 나와 대기업에 취업해도 넘어야 할 산이 너무 많습니다. 집값 폭등으로 내 집 마련은 꿈도 못 꾸는 상황이 되었고, 아이들 사교육비는 갈수록 올라갑니다. 현실이 행복하지 않으면 꿈이라도 행복한 꿈을 꾸고 싶다는 인간의 욕망을 잘 반영한 소설이 『달러구트 꿈 백화점』입니다.

렘수면 상태에서 우리는 누구나 꿈을 꿉니다. 소설 속의 꿈 백화점 고객들은 숙면 캔디를 먹고 자신이 꾸고 싶은 꿈을 꿉니다. 즉, 시나리오 작가가 꿈인 사람은 시나리오 작가가 되고, 누구를 도와주고 싶은 사람은 성탄절에 산타클로즈가 되어 하늘을 날며 전 세계 어린이들에게 선물을 배달하는 꿈을 꿉니다. 자본주의 사회에서 하고 싶은 일을 하려면 돈이 필요하지만 꿈만큼은 공짜입니다. 그런데 이 소설 속에서는 좋은 꿈도 돈 내고 사는 세상이 되었습니다. 그런데 어찌 보면 이미예 작가가 그린 상상의 세계는 메타버스에서 현실이 될 수도 있습니다.

현실이 악몽 같으면 꿈도 악몽을 꿀 가능성이 큽니다. 아우슈비츠 생존자들의 이야기를 다룬 각종 기록물을 보면 사람들이 꿈에서도 마치 고문을 당하는 듯 온몸을 부들부들 떨었다는 이야기가 나옵니다. 꿈과 현실은 이처럼 상관관계가 높습니다. 이런 상황에서 꿈백화점에서는 원하는 꿈을 꿀 수 있도록 해 준다면 불행한 사람도 행복해질 수 있습니다. 자본주의에서 모든 행복은 돈으로 환산될 수 있습니다. 그렇다면 좋은 꿈에 우리는 얼마나 많은 비용을 지불할 용의가 있을까요? 꿈 백화점이 항상 매진인 걸 보면 부르는 게 값입니다. 저는 이를 실용적이고 긍정적으로 봅니다. 행복한 꿈을 꾼다는 것은 숙면으로 이어지고, 이는 현실에서 버틸 수 있는 체력과 용기를 주기 때문이죠.

투자자의 관점에서 현실에서 꿈이 없는 현대인들이 소설 속에서라도 꿈을 찾으려 한다는 사실은 무엇을 의미할까요? 이는 실리콘밸리의 기술 기업들, 매출은 없지만 앞으로 크게 성장할 것이라는 꿈을 먹고 사는 PDR^{Price to Dream Ratio}(주가에 반영된 꿈의 비율) 기업에 관심을 가져야 하는 이유를 보여 줍니다.

주식 투자를 하는 사람들, 특히 차트를 보는 기술적 분석이 아닌, 기업의 내재 가치를 보는 기본적 분석파들은 PER(주가 수익 비율의 줄임말로 시가 총액을 순이익으로 나눈 비율. PER이 높을수록 회사의 가치가 현재 버는 매출 구조에 비해 높게 평가받는다는 뜻), PBR(장부가치를 뜻하는 것으로 기업의 자산 대비 주가가 얼마나 고평가 혹은 저평가되었는지를 알려 주는 지표. PBR=1이라는 뜻은 기업이 망하더라도 자산을 팔면 주가만큼의 현금이 나와 이를 주주에 환원할 수 있다는 뜻), ROE(지기자본 수익률의 줄임말로 ROE가 10%인 기업은 1천만 원을 투자해 100만 원의 수익을 발생시키는 기업. 주주의 돈을 갖고 얼마나 돈을 잘 벌었는지를 뜻하는 용어로 워런 버핏이 가장 중시하는 지표) 등의 지표로는 설명되지 않는 꿈의 크기 역시 투자 측면에서 매우 중요하게 여깁니다.

지금은 꿈을 먹고 살지만 언젠가는 꿈이 실적으로 증명되고 실적은 더 높은 주가로 이어져 투자자들을 행복하게 만들어 주기 때문입니다. 실적으로 뒷받침되는 애플이나 테슬라, 엔비디아 같은 기업들도 한때 분명히 PDR만 높은, 꿈을 먹고사는 기업이었고 사람들은 미래에 대한 꿈의 차원에서 투자하기 시작해서 주가가 10배 이상 오르면서 큰돈을 벌었습니다.

꿈을 먹고사는 기업들은 두 가지가 중요합니다. 기업의 내러티브입니다. 이야기가 있고 이야기가 사람들을 빨아들일 때 PDR이 높아집니다. 또 하나는 CEO의 이야기입니다. 애플의 스티브 잡스, 테슬라의 일론 머스크, 엔비디아의 젠슨 황, 모두 꿈의 크기가 대단한 인물이었고 자신만의 스토리를 가진 인물들입니다. 스토리가 꿈을 키우고 꿈은 투자자들을 설득해 투자금을 바탕으로 미래지향적인 사업을 한발 먼저 시작해 큰돈으로 투자자에게 보답할 수 있었습니다.

성장주를 믿고 투자하는 사람들은 PER, PBR, PSR(주가매출액비율로 이익이 나지 않는 기업에 적용. 매출 대비 기업의 주가가 얼마나 높은지를 보여 주는 지표로 켄 피셔라는 투자자가 처음 주장), ROE, EPS(주당순이익)는 대강 알더라도 그 기업의 PDR이 얼마나 크고 꿈이 현실화될 근거가 있는지 등도 파악해야 합니다.

『멋진 신세계』에서 유전자 주식의 전망을 읽는다

　최초의 SF소설은 메리 셸리의 『프랑켄슈타인』이지만 최고의 SF소설은 이구동성으로 올더스 헉슬리의 『멋진 신세계』를 꼽습니다.

　지금으로부터 90년 전에 출간된 이 소설은 미래 유전공학에 기반해 인간은 탄생과 함께 계급이 결정된다는 디스토피아를 그립니다. 모두 5개의 계급, 즉 알파, 베타, 감마, 델타, 엡실론으로 나뉩니다. 가장 높은 알파에는 알파 투 플러스와 원플러스가 있죠. 더 이상 부모가 아이를 잉태하고 낳는 게 아니라 유전공학적으로 공장에서 생산됩니다. 인류는 대전쟁 이후 거대한 세계정부가 들어서, 모든 인간은 인공수정으로 태어나며 이를 통해 세계 인구는 20억 명 정도로 일정하게 유지됩니다. 아이들의 양육과 교육은 전적으로 국가가 책임지고, 태어나기 이전에 이미 그들의 지능에 따라 어떤 삶을 살게 될지가 결정됩니다. 즉, 가족은 사라지고 국가, 정확히는 인류가 가족을 대신하는 미래를 보여 줍니다.

이와 같은 시스템은 겉으로 보면 최상인 것 같지만 속을 들여다보면 끔찍하죠. 인간은 사회적으로 생산되는 시스템 안에서 당연히 자유의지도 잃습니다. 자유의지는 시스템 바깥으로의 탈출만이 가능합니다. 이 작품의 주인공 새비지에게는 단지 두 가지의 선택만이 주어집니다. 즉, 유토피아에서 인간이 아닌 기계로서 살아가느냐, 아니면 인간적이기는 하나 한편으로는 아주 비정상적인 인디언 부락에서 원시적 삶을 영위하느냐입니다.

저자 헉슬리는 1960년대 사이키델릭 락의 선구자 그룹명인 도어스(지각의 문)를 지은 장본인으로, 그는 인간에게는 정신이상과 광기 같은 것을 선택하기 위해서 자유의지가 주어졌다고 믿습니다. 즉, 불편한 자유가 편한 부자유보다 나은 자유주의라는 말입니다.

저는 『멋진 신세계』를 생각할 때마다 관심 있는 투자 종목인 유전자 가위 기업과 버클리대학 교수로 유전자 가위의 특허권을 갖고 있는 제니퍼 다우드나Jennifer A. Doudna 교수가 떠오릅니다.

그녀는 '크리스퍼 유전자 가위CRISPR-Cas9'라 불리는 유전자 편집 기술을 개발해 2020년 노벨 화학상을 받았습니다. 자서전인 『크리스퍼 가위가 온다』에서 '크리스퍼 가위'는 바이러스로부터 자신을 보호하는 박테리아에서 힌트를 얻었습니다. 제니퍼 다우드나 교수의 크리스퍼-Cas9 기술은 얼마나 대단할까요? 0.00000003%의 확률에 도전해 성공한 것입니다. 유전자 가위에는 두 가지 기술이 있습니다. 몸 안에서 편집이 가능한 기술과 몸 바깥에서 편집해 몸에 이식하는 방법이 있죠. 그녀는 후자의 방법을 통해 유전자 가위로 유전자를 편집함으로써 다발성 경화증이나 1형 당뇨병 같은 완치가 불가능한 면역 질환을 정복하려고 노력합니다. 그녀는 돈이 아닌 인류의 미래를 위해 노력하는 투사이면서 과학자입니다.

다우드나 교수는 원래 생화학자입니다. 그녀는 연구뿐만 아니라 사업 쪽에서도 두각을 나타내고 있죠. 2017년에는 맘모스 바이오사이언스라는 유전자 진단 업체를 설립하면서 2,300만 달러를 투자받았고 2018에는 크리스퍼 테라퓨틱스라는 유전자 가위 연구 회사를 차려 사상 처음으로 나스닥에 상장하는 데 성공했죠. 다우드나 교수는 총 3개의 회사를 보유 중인데 이 중에서 유일하게 IPO에 성공해서 일반인도 투자할 수 있는 크리스퍼 테라퓨틱스는 노벨상 수상과 함께 주가가 천정부지로 뛰어올라 한때 220달러를 돌파하기도 했습니다. 그러나 작년에 조정을 받으면서 100달러 선으로 떨어졌고 지금은 70달러 밑으로, 최고가에 비하면 3분의 1토막이 났습니다. 그런데 실적을 보면 오히려 많이 개선되었다는 게 드러납니다. EPS가 마이너스 3달러 33센트로 적자였는데 지금은 3달러 74센트로 흑자입니다. PER은 21.14배로 동종업체에 비해 상당히 낮아졌습니다. 한때는 시가 총액이 매출의 몇 배인지를 알려 주는 PSR이 무려 128배까지 올라갔습니다. 이는 미래에 대한 기대와 다우드나 교수를 대신해 현재 CEO를 맡고 있는 엠마뉴엘 샤르팅티에 2020년 노벨 화학상 수상자에 대한 믿음이라는 두 가지 요소가 한때 주가가 최고치였던 이유입니다.

스티브 잡스의 전기를 쓴 월터 아이작슨이 그녀에 대한 전기를 썼고, '돈나무'라는 별명으로 유명한 아크인베스트 최고경영자 캐시 우드가 제2의 테슬라로 다우드나 교수의 회사를 지목하면서 사람들의 관심이 더욱 높아졌는데 주가는 그녀의 예상과는 너무나 다르게 지난 1년 동안 곤두박질쳤습니다.

그러나 저는 시계열을 길게 늘여서 보다 먼 미래를 보는 장기 투자자의 관점에서 이 기업을 눈여겨봐야 한다고 생각합니다. 기업보다 업종을 먼저 보는 게 성공적인 투자에 이르는 길이죠. 저는 결국 미래가 생명공학, 그중에서도 유전자 가위로 질병을 치료하는 기술로 갈 것이라고 생각합니다.

아직 뚜렷한 연구 결과가 나오기 전에 투자자들이 미래를 바라보고 장기 투자를 하는 거죠. 크리스퍼 테라퓨틱스의 장점은 현금 보유량이 부채보다 10배는 많아 당분간 부도가 날 걱정은 하지 않아도 된다는 점입니다. 다우드나 교수의 책을 읽고 그녀의 팬이된 저도 관심을 갖고 지켜보는 주식이 바로 '유전자 가위'입니다.

크리스퍼의 열렬한 팬인 캐시 우드 대표도 또 하나의 유전자 편집 기술을 가진 유전자 플랫폼 기업인 인바이테NVTA 업체에 투자하고 있습니다.

다우드나 교수가 관여하고 있는 인텔리아 테라퓨틱스NTLA도 주목해야 할 기업으로 앞서 이야기한 몸 안에서 유전자를 직접 편집하는 원천 기술을 보유한 업체입니다.

결국 돈은 부자들을 위해 먼저 일하고 그다음에 일반인을 위해서 일한다고 생각합니다. 기술은 당연히 돈을 따라갑니다. 부자들이 원하는 것은 뭘까요? 건강하게 오래 사는 것입니다. 가능하면 영생을 누리고 싶을 겁니다. 그래서 현대판 불사초를 연구하는 유전자 가위 업체들이 결국에는 뜰 수밖에 없습니다. 당장 눈앞의 수익을 바라는 것이 아니라 길게 보고 미국 주식 시장에 투자할 때 관심 있게 지켜볼 기업입니다.

암호화폐에 2030세대가
열광하는 이유

　세태 소설의 진수를 보여 주는 장류진 작가의 『일의 기쁨과 슬픔』은 판교 테크노 밸리에서 일한 경험을 잘 녹여낸 21세기에 걸맞은 새로운 형식과 소재의 노동 소설입니다.

　이 책은 블록체인(이더리움에 투자하는 세 명의 직장 선후배가 나옴)에 열광하는 20~30대의 정서를 소설로 그대로 옮겼다는 말을 듣고 읽게 되었습니다. 세태를 포착하는 시선이 날카롭고 문체가 날렵하면서도 유머러스합니다.

　2017년 가상화폐가 끝없이 오를 때 이 책의 주인공들처럼 투자해서 돈을 번 사람들이 많았지요. 주인공은 투자한 원금의 100배 수익을 1년 만에 거둡니다. 남들이 다 비트코인에 투자할 때 새로운 가능성을 보고 이더리움에 들어가자고 최초 제안을 했던 왕언

니는 33억을 벌어 성수동에 '꼬마상가'를 구입하고 외제차로 바꾼 뒤 구질구질한 직장 생활을 그만두죠. 저는 이 책을 읽으면서 욕망의 끝이 어디인지 잘 보여 준 영화 「비열한 거리」의 엔딩을 기대했습니다. 대세 상승기인 2017년에 투자했다가 대폭락기인 2018년까지 들고 있었다면 코인에 걸었던 전 재산을 날렸겠죠. 그러면 비트코인 비관론자들은 더 만족했을지 모릅니다. 책 말미에서 엄청난 반전을 기대했지만 저자는 해피엔딩을 택합니다. 30대인 작가는 윗세대에게 이런 말을 해 주고 싶었던 것 같습니다.

> "모든 20~30대들에 해당하는 것은 아니지만 상당수 20~30대는 자신의 욕망을 언제 시작하고 언제 끝내야 하는지 시점을 아는 사람들이다. 자신의 분수 안에서 욕망을 추구한다는 점에서 이전 세대가 보여 준 탐욕과는 분명히 다르다. 우리는 욕망과 욕심을 구분할 줄 안다."

이런 특징은 그녀의 다른 작품 제목에서도 잘 드러납니다. 장편소설 『달까지 가자』는 목표 지점이 달입니다. 태양도 아니고, 일론 머스크가 꿈꾸는 화성도 아니며, SF소설에서 툭하면 등장하는 안드로메다도 아니죠. 꿈을 꾸되 현실적으로 가능한 꿈을 꾸자는 취지가 담겨 있는 유행어라는 생각이 듭니다.

『일의 기쁨과 슬픔』에는 20~30대가 코인에 열광하는 이유가 잘 드러납니다. 사회적으로나 정치적으로 어느 정도 실현된 공정성이 기업 문화에서는 전혀 실현되고 있지 않기 때문이죠. 유명한 제과 기업의 월급은 정말 쥐꼬리만 합니다. 월급은 적게 주면서 업무량은 과다합니다. OIMBN(각각 특출함, 뛰어남, 요구 충족, 요구 이하, 보충 필요의 줄임말)으로 직원을 평가하면서 열심히 일한 세 여성 직장인에게 M을 4년째 줍니다. 저자는 "M은 무난을 뜻하고 N은 나가를 뜻한다."라고 말합니다. 이런 상태에서 누가 열심히 일해서 서울에 15억 원이 넘는 33평 아파트를 구입하고 월 수백만 원에 이르는 사교육비를 감당할 수 있을까요? 저는 20~30대가 코인 외에 답이 없다고 생각하는 근본적인 책임은 몇몇 대기업의 독주를 허용한 사회 문화 때문이라는 생각이 들었습니다.

물론 코인 열풍은 한탕주의적 요소가 있습니다. 주식과 달리 코인은 투자가 아닌 분명 도박적인 요소가 있다고 생각합니다. 하루만에 반토막이 나고 그다음 날 다시 더블로 상승하는 미친 변동성에 화폐라는 용어를 붙이기는 어렵다는 지적에 일부 동의합니다.

이 소설이 장밋빛 환상, 주인공들이 꽃길만 걸었다는 아쉬움이 들 수도 있습니다. 이에 대해 작가는 20~30대 주식 및 코인 투자자들이 왜 '존버'('끝까지 막연하게 버티다'라는 의미)라는 단어를 유행시켰는지 그 이유에 대해서 생각해 보라는 메시지를 던집니다. 이 더리움도 당시 처음부터 치고 올라간 게 아니라 가다가 멈추고 후퇴하고 다시 상승하는 경향을 보였습니다. 이 과정에서 주인공들은 서로를 위로하며 존버합니다. 저자는 20~30대가 실제로는 정신적으로 강한 세대라는 점을 보여 주고 싶었던 듯합니다. 이때 '존버'는 존엄한 버티기의 줄임말이 되는 거지요.

이 책은 최근에 읽은 한국 소설 중에서 현실 이슈와 가장 밀접하게 연결되어 있지만 가장 독창적으로 읽힌 작품이었습니다. 특히 코인 투자를 하는 분들은 어떻게 약세장에서 버틸 수 있는지 정신적 '존버의 방법론'을 배울 수 있는 귀중한 경험이 되리라 생각합니다.

엔비디아와
테드 창의 SF소설

　가공, 추상을 의미하는 메타Meta와 현실 세계를 의미하는 유니버스Universe의 합성어인 메타버스에서 유통되는 가치의 단위는 기존의 화폐가 아니라 'NFT'가 될 수밖에 없습니다. NFT는 중앙은행이 발행하는 기존 화폐와 달리 전 세계인 모두가 발행 주체가될 수 있는 탈중앙화 발행 방식, 이른바 블록체인이 될 것입니다. 그렇다면 이 같은 방식의 기업을 찾아 그 기업에 투자하면 돈을벌지 않을까? 과연 그런 기업이 있을까 싶지만 있습니다. 바로 게임 유저들에게는 그래픽 칩의 제왕으로 불리던 '엔비디아NVIDIA'입니다.

　메타버스와 NFT에 열광하는 이들은 테슬라보다 더 확신을 가지고 엔비디아에 투자하는 경향을 보였죠. 그래서 2020년도에 주가가 움직이지 않아 '횡보디아'로 불리던 엔비디아가 메타버스와 NFT의 인기를 등에 업고 2021년도에는 훨훨 날았습니다. 127%나 주가가 상승해 S&P500 기업 중 으뜸을 기록했습니다. 나스닥에 본격 조정이 찾아온 2022년 7월 중순 주가는 150달러 선입니다. 정말 많이 떨어져서 이 기회가 줍줍의 타이밍이라는 생각을 서학개미들은 많이 하고 있습니다.

엔비디아는 2017년 비트코인 열풍 때부터 잘나갔습니다. 비트코인을 채굴하기 위해서는 고성능 PC가 필요한데 기존의 CPU 성능을 한층 업그레이드시킨 GPU를 바로 엔비디아가 양산하고 있었기 때문이죠. 또한 2021년 주가를 견인한 가장 큰 공신은 바로 옴니버스라는 현존 최강의 메타버스 플랫폼을 선보였기 때문입니다. 옴니버스는 쉽게 말하면 2차원인 메타버스를 3차원처럼 느끼게 해 주는 플랫폼입니다. 인공지능과 사람의 상상력이 완벽하게 공존하는 옴니버스는 사용자가 파도 앞에 선 남자를 그려 달라고 말하면 사용자를 멋진 아바타로 바꿔 실제 파도와 거의 완벽하게 비슷한 모습으로 움직이는 바다를 창조해 냅니다.

엔비디어의 창업자 젠슨 황은 대만계 미국인입니다. 여기서 중국계가 아닌 대만계라고 표시한 이유는 그가 명백히 대만 독립을 지지하고 중국 공산당에 비판적인 시각을 가진 화교이기 때문입니다. 엔비디아가 반도체 설계업체 ARM을 인수해 세계 1위의 반도체 기업이 되려는 것을 중국 정부가 강력하게 반대해 결국 무산

된 것도 정치적 이유 때문입니다.

ARM은 손정의 소프트뱅크 전 회장이 바둑으로 치면 50수 앞을 내다보고 인수한 영국의 모바일 반도체 설계업체입니다. 스마트폰에 들어가는 반도체 90% 이상의 설계도를 독점 공급하고 있어, 앱으로 치면 구글의 안드로이드 같은 회사이죠.

엔비디아는 모국인 미국은 물론, ARM의 본사가 있는 영국과 소유권을 갖고 있는 일본의 허락은 받았지만, ARM의 공장이 있는 중국 정부의 강력한 거부 때문에 인수에 난항을 겪다 결국 무산됐습니다. 2022년 1월에는 블룸버그 통신이 엔비디아가 ARM의 인수를 포기할 수밖에 없을 것이라 보도하면서 주가가 5% 이상 떨어졌습니다. 인수에는 비록 실패했지만, 대부분의 전문가가 예상하는 엔비디아는 앞으로 더욱 잘 나갈 것 같습니다. 애플이 스마트폰 때문에 지금의 애플이 되었다면 엔비디아는 메타버스와 NFT 때문에 미래의 애플이 될 수 있습니다.

메타버스의 기반 기술인 가상현실에서 엔비디아는 최고의 경지에 이르렀습니다. 공개 석상에서 홀로그램 등을 이용해 젠슨 황의 아바타를 출연시켜 마치 실제 연설하는 듯한 효과를 구현해 냈을 정도입니다.

젠슨 황은 1963년 대만생으로 9살 때 미국으로 건너가 오리건 주립 대학과 스탠퍼드대학원에서 컴퓨터를 공부했습니다. 역시 대만계가 CEO로 있는 AMD에 잠시 근무하다 동료들과 회사를 나와 창업을 하죠. 그리고 몇 번의 위기도 겪었지만 게임과 비트코인 등의 열풍과 전체 매출의 20%를 연구 개발에 투자하는 노력이 결국 보상을 받아 지금은 세계 10대 기업에 포함되는 대만계 미국 기업인 중에서는 최고의 성공을 거두었습니다.

엔비디아에서 그의 카리스마와 장악력은 전성기 마이크로소프트의 빌 게이츠를 떠올리게 합니다. 그가 있는 한 중국 정부가 대만을 무력으로 공격하기란 쉽지 않으리라 생각합니다. 그를 비롯해 성공한 대만계 미국인들이 미국 정계 특히 민주당에서 많은 영향력을 행사하고 있기 때문이죠.

대만계 정체성을 유지하면서도 미국인들에게 최고로 인정받는 SF 소설가가 있습니다. 바로 『당신 인생의 이야기』를 쓴 테드 창입니다. 최근작인 『숨』에는 「숨」을 포함해 모두 10편의 중단편이 실려 있습니다. 도입부에 실린 「상인과 연금술사의 문」은 이슬람 세계를 배경으로 한 타임 슬립 이야기입니다. 타임머신은 기계가 아니라 문을 열고 다른 시간대로 들어가는 거죠. 미래의 나와 과거의 내가 대화를 나누는 이야기인데, 재미있는 사실은 과거는 물론 미래도 결정되어 있다는 것입니다. 그는 말합니다.

"운명은 인간의 계획에 코웃음을 친다."

가장 재미있었던 작품은 평행우주가 등장하는 「불안은 자유의 현기증」으로 우주는 무한대의 누비 우물 같은 존재입니다. 테드 창은 브라이언 그린의 평행우주 중에서 양자 다중 우주를 지지하죠. 각자 나름의 존재 이유를 갖고 있는 평행 세계들의 중첩된 세계가 우주입니다. 즉, 슈뢰딩거의 고양이처럼 죽은 고양이와 살아 있는 고양이가 중첩되어 있는 상태를 말합니다. 아주 특별한 경우(양자 얽힘)가 아니면 상호 세계는 연결되지 않습니다. 그러나 테드 창의 상상력은 평행우주에 있는 또 다른 자아와 프리즘이라는 일종의 카카오톡으로 자신과 소통할 수 있는 상황을 그립니다.

테드 창의 기발한 상상력은 어쩔 수 없이 같은 대만계인 젠슨 황의 산업적 상상력과 오버랩됩니다. 젠슨 황은 공학의 힘을 빌려 이러한 상상력을 실현하는 데 최선을 다하고 있는 중입니다. 과학과 기술은 발전하고 SF소설은 이를 때로는 반영하고 때로는 뛰어넘으면서 인류는 진보합니다.

내가 쓴 글도
NFT가 될 수 있는 세상!

　NFT를 기술이 아닌 문화 상품으로 생각할 경우 무궁무진한 가능성이 열릴 수 있습니다. NFT는 어떻게 문학 등 글쓰기와 연결될 수 있을까? 인터넷에 올라온 모든 것이 NFT가 될 수 있으므로 글이라고 NFT 상품이 되지 말라는 법은 없습니다. 이미 NFT로 글을 발행할 수 있는 플랫폼이 나와 있습니다. 바로 '미러'라는 사이트입니다.

　미러는 이더리움 기반의 탈 퍼블리싱 플랫폼입니다. 우리가 네이버 블로그나 카카오톡 브런치에 글을 올려도 이 글의 소유권은 내가 갖지 못합니다. 저작권은 나에게 있는 게 확실한데 소유권은 네이버에 있지요. 네이버가 블로그를 접고 포스팅을 삭제하면 소유권이 없는 개인 블로거들은 어디에 하소연할 수도 없습니다. 하지만 미러에서 글을 작성하면 작성과 동시에 NFT 토큰이 발행돼 소유권이 자신에게 영원히 귀속됩니다. 독자는 NFT를 전체 또는 일부를 구독해 글을 읽을 수 있습니다. 다른 독자에게 재판매해 시세 차익을 얻을 수도 있지요. 즉, 발행할 때 정해진 양만큼만 발행해서 소수의 독자만이 돈을 내고 읽을 수 있도록 한다는 점에서 작가들에게 아주 매력적인 서비스라고 할 수 있습니다.

이제 작가들은 크라우드 펀딩을 플랫폼을 통해 할 수도 있습니다. 책을 발행한 저자는 책이 많이 팔리면 수익을 후원자들과 나눌 수 있습니다. 2021년 4월에 존 팔머라는 작가가 자신의 글을 NFT로 민팅(작품을 NFT화 하는 것)을 했습니다. 당연히 이더리움으로 수수료를 냈겠죠. 그리고 100이더(1만3000 달러, 한화로 1600만 원)를 벌었습니다. 저자가 책 인세로 1500만 원 이상을 벌려면 2만 권 이상 책 판매가 이루어져야 하는데 우리나라에서 출간되는 책 중에 이 정도 팔리는 책들은 1%가 되지 않는 게 현실입니다. NFT로 발행한 작가라는 프리미엄 덕분이라고 할 수 있겠죠.

미러 외에도 더 있습니다. 데일리 뉴스레터 '더트'는 자사의 마스코트 더티를 NFT로 발행해 크라우드 펀딩으로 돈을 끌어모았습니다. 크라우드 펀딩에 참여한 독자들은 보고서를 받아보며 일종의 주주로서 앞으로 더트가 추구할 방향 등에 영향을 미칠 수도 있죠. 그리고 새로운 NFT가 발행될 때 우선적으로 입찰할 수 있는 자격도 주어집니다.

지금까지는 소설가나 작가들을 위한 최상의 NFT 플랫폼은 '미러'입니다. 그러나 미러의 고민도 있습니다. 바로 경매 방식으로 글을 판매할 때 얻어지는 희소성이 글의 가치와 가격을 반드시 높여주는 것은 아니라는 것이죠. 글은 음악이나 영화보다 더 많은 사람이 공유하고 볼수록 가치가 높아지는 예술입니다. 많이 읽힐수록 더 많이 읽히게 되어 있는 장르죠. 그러기 위해서는 더 많은 독자와 만나기 위해 기존의 작가들은 브런치 등에 자신의 글을 무료로 제공하기도 합니다. 그러나 NFT로 발행해 소수만이 즐길 수 있는 글을 만들면 돈을 벌 수 있을지는 몰라도 작가로 성공하는 데는 방해가 될 수 있습니다.

미러는 2020년 10월에 서비스를 시작한 신생기업입니다. 2021년 6월에는 A단계로 1000만 달러 투자 유치에 성공하기도 했습니다. 실리콘밸리의 벤처 투자자들은 NFT의 미래와 글이 그림이나 동영상, 음악처럼 NFT화될 수 있는 가능성을 믿고 투자한 것으로 보입니다. 1000만 달러 투자자 중에는 블록체인 투자자로 변신한 초기 인터넷 브라우저의 황제 넷스케이프의 설립자 마크 안드르센도 포함돼 있는 것으로 알려져 있습니다.

3장

NFT 미술품 투자로
누구나
프로슈머가 된다

NFT는 희소성을 갖는 디지털 자산을 대표하는 토큰을 말합니다. 특히 미술 시장에서 NFT가 활발하게 이용되고 있습니다. 왜일까요? NFT 공부를 위해 경매를 알고 가격 결정 시스템을 알아야 하며 무엇보다 컬렉터의 관점에서 그림을 보는 훈련을 해야 합니다. 왜 연예인들은 현대 미술품 구입에 열을 올리는 걸까요? 그렇다면 우리는 NFT 이전에 현대 미술을 공부해야 하는 것은 아닐까요? 백남준의 천재성을 톺아본 뒤 NFT와 이더리움의 관계, NFT 마켓플레이스 이용법을 살펴봅니다. NFT 디지털 아트의 황제, 비플과 크립토펑크 이야기는 그저 놀라울 따름입니다. NFT는 미술품으로 시작해 부동산까지 진출했습니다. 미술투자자들이 경매라는 방식을 공통적으로 이용하는 NFT부동산에 관심을 가질 경우 더 많은 수익을 올릴 수 있는 기회가 늘어납니다. 그리고 현직 NFT아티스트로부터 투자자가 꼭 유념해야 할 리스크도 들어봅니다.

NFT는 미술을 위해
탄생했다

　지난 한 해 동안 NFT(Non Fungible Token, 대체 불가능 토큰)에 대한 관심은 무척 뜨거웠습니다. 2021년 49조 원이었던 NFT 시장이 1년 사이 5배로 폭풍 성장했습니다. 실물 미술 시장을 바짝 추격하고 있지요. 물론 가파른 상승곡선을 그린 후 마치 17세기 튤립 버블처럼 정점에서 터진 뒤 오랜 시간 횡보할지도 모른다는 우려도 있습니다.

　NFT는 게임 업체와 엔터테인먼트 업체에서 적극 관심을 보이지만 실은 NFT의 존재 이유는 미술 시장 때문입니다. 미술은 음악이나 영화와 달리 희소성 때문에 수집욕을 자극하고 비싸게 거래되어 온 유일한 예술품입니다. 물론 음악에는 저작권, 영화에는 영화관람료라는 식으로 만든 사람들에게 보상이 주어지지만, 미술처럼 작품이 유통 시장에서 수십 배 이상 상승하면서 거래되는 장은 없습니다.

미술품 가격은 경제학에서 톱니 효과, 혹은 관성 효과라고 불리는 '래칫 효과Rachet Effect'의 영향을 받습니다. 톱니는 한 방향으로만 움직이기 때문에 톱니가 높이 올라가면 다시 아래로 내려오는 것이 불가능합니다. 래칫 효과는 경기가 나빠져 소득이 줄어들어도 소비가 그에 비해 쉽사리 줄어들지 않아 경기 후퇴 속도를 줄이는 효과가 있다는 의미입니다.

미술은 음악이나 제작비가 많이 든 대중화된 상업예술 영화보다도 훨씬 더 돈에 민감합니다. '한 작품의 가치를 매길 수 있는 가장 적절한 척도가 무엇인가'라는 질문에 시장 전문가들은 현실적으로 돈이 가장 손쉬운 기준이라는 점을 인정하는 분야가 바로 미술입니다. 미술은 다른 여느 예술보다 상업적이죠. NFT가 처음 등장했을 때 가장 환영했던 곳이 미술계인 것은 미술 시장에서는 주식 시장과 비슷한 유통 시장이 존재하기 때문입니다. 희소성이 돈이 된다는 것을 누구보다 잘 안 곳이 미술계 사람들이죠. NFT 아트에서 핫한 이탈리아의 형제 예술가 해커 타오는 이렇게 말했습니다.

"나의 작품을 영원히 변하지 않는 디지털 스톤에 새길 수 있다는 것은 너무나도 매력적이며, 그것이 예술에 대한 나의 마음가짐이다."

NFT는 디지털 파일입니다, JPG 파일일 수도 있고 '짤'이라 불리는 Gif 파일, 음악 파일일 수도 있습니다. 동영상 파일인 avi나 mpeg4도 NFT가 될 수 있죠. 마일리지도 NFT화될 수 있습니다. 이처럼 다양한 형식의 미디어 파일이 NFT화될 수 있습니다. 디지털 파일이 아닌 실물 자산에 소유권을 디지털로 붙인다는 것은 불가능합니다. NFT는 이 디지털 파일이 세상에 단 하나 존재한다는 고유번호(비트코인에도 있다. 등기부등본의 주소라고 생각하면 됨)와 파일을 설명하는 속성, 데이터 등 세 요소로 구성되어 있습니다.

그러면 소유자는 자신의 파일이 원본임을 어떻게 확인할까요? 위조지폐처럼 자세히 들여다보면 알 수 있을까? 그렇지 않습니다. NFT 파일을 보증해 주는 사이트인 일종의 인터넷 등기소에 접속해 확인할 수 있습니다. NFT로 소유권을 인정받은 디지털 파일은 링크 주소를 가지고 있죠.

원본으로 확인이 되면 소유자만이 소유할 수 있습니다. 물론 복사본으로 수많은 사람이 함께 감상할 수는 있습니다. 혹자는 말합니다.

"모든 사람이 보유하고 있지만 소유한 사람은 단 한 명인 사실을 상상해 보라."

디지털 세계에서는 원본과 복제본의 차이가 거의 없습니다. 감흥이라고 다를까요? 사실 디지털 파일은 화질의 훼손이 없습니다. 원본이나 복제본이나 음질, 화질 등은 똑같습니다. 그런데도 자본주의 최고의 미덕인 '희소성' 때문에 디지털 파일임에도 인기가 높습니다. 따라서 오프라인에서는 전문가들이 종종 틀리기도 하면서 위조품을 가려내지만, 온라인에서는 완벽하게 위조품을 가려내는 신기술, 즉 블록체인이 등장한 겁니다. 희소성을 위해 더 많은 돈을 투자할 준비가 되어 있죠.

김난도 교수가 2022년을 '득템력의 시대'로 표현한 것처럼 사람들 특히 2030세대들은 덕질을 하면서 원본과 오리지널을 비싼 가격을 주고 구입할 준비가 되어 있습니다. 게임 사이트에서 200만 원짜리 구찌 핸드백이 메타버스에서 3천만 원에 팔린 사례가 있습니다. 이는 사람들이 멀티 페르소나를 꿈꾸며 메타버스 공간 내에서 자신의 분신인 아바타에 더 많은 치장을 하고 남들 앞에서 더 보기 좋게 꾸미는 데 많은 돈을 투자할 의향이 있다는 것입니다.

미술품은 NFT 붐이 일기 전부터 이미 경매 시장이 활성화되어 있었습니다. 경매는 오프라인에 이어 온라인 경매도 지난 2009년 아트시Artsy에서 처음으로 진행되었습니다. 아트시는 컬렉터와 갤러리, 딜러, 미술관을 온라인으로 연결시켜 그림을 거래하는 사이트입니다. 믿기지 않겠지만 실물을 보지 않고 디지털 이미지만 보고 클릭하는 사람들이 있다는 이야기죠. 조사 결과, 그림을 한 번이라도 사 본 사람은 64%가 온라인에서 구매한 경험이 있습니다. 이처럼 NFT가 등장할 여건이 미술계에는 충분히 조성되어 있었던 거죠. 미술로 돈을 벌려는 사람들은 NFT가 등장하기 전부터 온라인과 오프라인 가리지 않고 투자에 적극적으로 임했다는 이야기입니다.

2021년 여름, 글로벌 경매사 크리스티는 온라인 경매에 미디어 아트의 선구자인 백남준의 작품 「글로벌 그루브Global Groove」를 선보였습니다. 당시 추정가는 10~20만 달러(한화 약 1억 3천만~2억 6천만 원) 사이였습니다. 아쉽게도 낙찰은 되지 않았지만 의미는 적지 않았습니다. 「글로벌 그루브」는 지난 1974년 미국 방송국 WNET를 통해 처음 방영된 백남준의 대표작 중 하나로, 영국 테이트 모던, 미 샌프란시스코 현대미술관 등 전 세계 유명 미술관에 전시된 바 있습니다. 「글로벌 그루브」는 오프닝 35초가 반복 재생되는 가운데 최면적인 시각 효과와 음향 리듬이 관객들의 호흡을 멈추게 할 정도로 인상적인 작품입니다.

설치미술은 온라인, 즉 디지털 파일로 소장하기 어렵다는 한계가 있습니다. 그 한계 때문에 유찰된 게 아닌가 싶지만 NFT는 새로운 시도를 거듭하면서 공연이나 설치예술 등 소장하기 어려운 예술도 누군가에게 소유권을 파는 방향으로 분명 진화할 것입니다.

백남준과 NFT는 비슷한 철학을 공유합니다. "무엇이든 예술이 될 수 있으며 누구든 예술가가 될 수 있다."라는 철학이죠. 저는 백남준의 정신과 NFT의 정신이 바로 이 한마디로 압축된다고 생각합니다. "야, 너도 할 수 있어!"

미술품 가격은
어떻게 결정되는가?

　세계에서 가장 비싸게 팔린 그림과 비싼 그림은 다릅니다. 비싸게 팔린 그림은 레오나르드 다 빈치가 그린 예수의 초상화 「살바토르 문디」로 한화 약 5천억 원에 판매됐습니다. 이 그림은 사우디의 왕세자가 소유한 요트에 걸려 있지요. 그러면 팔리지 않은 (물론 최초 구매자는 있지만) 그림으로 가장 비싼 작품은 무엇일까요? 바로 루브르 박물관에서 보관 중인 레오나르도 다 빈치의 「모나리자」로 40조 원 정도의 가치를 인정받고 있습니다.

　가장 유명한 그림이 가장 비싼 그림인 거죠. 『당신을 초대합니다』의 저자 존 리비는 이를 단순 노출 효과의 결과라고 말합니다. 모나리자의 미소가 너무 아름다워서 그 그림의 가치가 올라가는 게 아니라, 모나리자의 미소가 워낙 사람들에게 많이 회자되어서 가치가 올라간다는 것이죠.

실제 고흐만큼은 아니지만 다 빈치의 그림도 그 당시에는 인정받지 못했습니다. 1507년에 제작되어 처음으로 인정받은 시기가 1860년입니다. 그런데 이탈리아의 거장인 다 빈치의 「모나리자」 작품이 왜 프랑스 루브르 박물관에 있을까요? 이는 강탈한 것이 아니라 프랑스가 공식적으로 구매한 작품입니다. 이후 1911년에 도난 사건이 일어났는데, 이는 「모나리자」의 유명세를 더욱 높이는 계기가 되었죠. 범인은 이탈리아인 빈센트 프레조로, 모국으로 작품을 가져가려고 했답니다.

40조 원이라는 「모나리자」 가치는 연 800만 명이 내는 입장료는 기본이고 그들이 프랑스에 오는 가장 주된 요인이 이 그림을 보러 오는 것이기에 항공료, 체류하면서 내는 비용 등이 다 포함돼 있는 거죠. 만약 프랑스 정부가 돈이 급해 경매에 내놓는다면 제 생각에는 40조 원을 넘어갈 수도 있습니다. 돈 많은 중국 정부(중국은 2020년 기준 전 세계 미술 시장에서 39%를 차지해 27%를 차지한 미국을 제친 세계 최대 미술품 수입 국가)는 석유 재벌 중에 그 돈을 낼 사람들이 분명 있겠죠. 주가나 유가, 비트코인은 가격이 떨어질 때 하락 폭이 상당할 때가 있지만 미술품은 본인이 산 가격보다 더 낮은 가격에 팔았다는 이야기를 들어본 적이 없습니다. 또한 해마다 경매 최고가가 올라갑니다. 미술품 투자는 인플레이션으로부터 자산을 완벽하게 보호해 줍니다.

미술 작품의 가격은 어떻게 결정될까요? 미술 시장은 주식 시장처럼 발행 시장과 유통 시장이 있습니다. 발행 시장은 작가가 생산하는 단계며 유통 시장에서 활발히 거래됩니다. 여기에 우리나라의 옥션 같은 경매 회사, 소더비 크리스티가 있죠. 그리고 이곳과 영향을 주고받는 비평가, 아트 컨설턴트, 아트 딜러들이 상호작용해 그림 값을 조정합니다. 특히 아트 딜러는 현대의 유명 화가들을 대부분 고용하고 있습니다, 그들은 전시회를 열어 작품을 판매하고 해외 유명 아트페어에서 자신이 매니지먼트하는 작가의 작품을 전시해 전 세계에 널리 알리는 역할을 합니다. 이러한 작용이 미술 작품의 가격을 올리는 데 기여하죠.

그리고 NFT 아트 시장이 뜨면 관련 직업이 생깁니다. 아트 딜러 중에 래리 가고시언Larry Gagosian은 1년 매출이 10억 달러가 넘습니다. 유명한 스포츠 선수의 에이전트보다 수입이 더 좋죠. 딜러로도 활동 중인 문화경제학자 미셸 트리마치는 "미술품을 사고 팔 때만이 느낄 수 있는 즐거움이 있다."라고 역설합니다. 독특한 상품을 판다는 쾌감, 예술의 지적인 부분이 주는 충족감 등 직업의 만족도도 매우 높은 편입니다.

컬렉터의 관점에서
미술을 보라

　얼마 전에 NFT 마켓플레이스에서 그림비의 「유성」, 「빗소리」 등 NFT 작품의 판매가 취소된 적이 있습니다. 실물 원본이 따로 있고, 실물 작품이 옥션에서 경매된 적이 있다는 것을 뒤늦게 안 것이죠. NFT 수집가는 자신이 사고자 하는 상품이 원본이라고 믿었을 텐데 또 다른 실물 원본이 존재한다니 어처구니가 없었을 것입니다. 그래서 결국 마켓플레이스는 경매를 취소했습니다.

　"왜 사람들은 그림을 살까?" 여기서 이런 근원적 의문이 생깁니다. 크게 보면 두 가지입니다. 마침내 적절한 가격에 원하는 상품을 샀다는 희열과 자신만이 작품을 소유할 수 있다는 독점욕입니다. 그림비 작가의 해프닝은 미술품을 구매하는 근본 동기인 후자를 충족시키지 못했습니다.

『아트 비즈니스』를 쓴 박지영은 그림을 소유하고자 하는 컬렉터를 두 부류로 나눕니다. 하나는 예술적 심미안을 앞세워 가치 있는 작품을 소장하고자 하는 사람이고, 다른 하나는 투자 목적으로 고수익을 바라고 구매하는 사람이죠. 현재 NFT 아트에서는 후자가 많아 보입니다. 그래서 우리는 후자의 입장을 조금 더 고민해 보는 게 좋겠습니다.

물건을 파는 사람의 입장에서나 사려는 사람의 입장에서나 중요한 건 진짜 물건을 구매하려는 사람들의 관점과 시각에서 그림을 볼 줄 아는 능력을 갖춰야 한다는 것입니다.

미술에는 '무그라비 요인'이라는 것이 있습니다. 미국의 성공한 사업가 호세 무그라비라는 사람이 앤디 워홀의 「20개의 마릴린 먼로」를 당시로는 최고가인 396만 달러에 산 후, 이후로도 워홀의 작품을 계속 사 모아 200여 점을 보유했습니다. 그가 이렇게 워홀의 작품만 집중해서 구매한 이유는 두 가지입니다. 하나는 자신이 소장한 작가의 가치를 올리기 위해서고, 다른 하나는 독점함으로써 희소성의 가치를 높여 되팔 때 비싸게 팔 수 있는 환경을 만들어내는 것입니다.

컬렉터 중에서는 마케팅의 귀재들이 많습니다. 영국의 대표적인 컬렉터인 찰스 사치는 자신이 구입한 예술품을 세계 유수의 미술관에 무료로 대여해 사람들로부터 관심을 끌어모아 작품값을 올렸습니다. 작품의 가치와 논란은 정비례한다는 믿음에서 동물의 머리나 코끼리 똥과 같은 엽기적인 소재로 뉴욕에서 전시회를 열려고 했죠. 당시 뉴욕 시장은 법원에 금지 소송을 냈고 이 소송으로 작품의 인지도는 더욱 올라가 작품 가격이 더욱 상승하는 선순환의 고리를 만들어내기도 했습니다.

우리는 그림이 왜 그 가격에 팔렸는지 이유를 추론하다 보면 자연히 그림에 대한 안목이나 확신이 올라갑니다. 2012년 10월 전후 독일을 대표하는 작가 게르하르 리히터의 작품 「추상화」가 영국 런던 소더비 경매에서 2,100만 파운드(한화 약 340억 원)에 판매됐습니다. 당시 생존 작가로서는 최고가에 낙찰된 거죠. 이 그림은 구매자보다 소유자가 더 화제를 모았습니다. 소유자가 바로 세계 최고의 기타리스트인 에릭 클랩튼이었기 때문이죠. 클랩튼은 이 작품을 2001년 미국 뉴욕 소더비 경매에서 360만 달러(46억 8천만 원)에 샀습니다. 10년 남짓한 기간에 거의 10배 가까이 그림 값이 뛴 것입니다. 당시 이 그림이 비싸게 판매된 이유는 작가 리히터가 32년생으로 더 이상 그림을 그리지 못할 고령이라는 나이 희소성의 효과와 판매자가 다름 아닌 에릭 클랩튼이라는 두 가지가 작용했으리라 추정합니다.

우리는 미술품 판매 뉴스를 접하면 어떤 작가의 작품이 팔렸는지에 관심을 보이지만, 미술 투자로 돈을 벌고자 한다면 누가 팔고 누가 샀는지를 파악하는 게 중요합니다. 21세기 이후 예술의 상업화가 더욱 강렬해진 데는 무엇보다 든든한 자본과 네트워크로 무장한 컬렉터들의 힘이 작용하고 있습니다. NFT 아트에도 이들이 관심을 쏟는 것은 자명한 이치입니다.

현대 미술을 즐겨 보다 보면
돈이 보인다

우리는 다 빈치, 루벤스, 램브란트, 모네, 르누아르 등 고전 화가들을 떠올리면서 이들의 미술품이 고가로 팔릴 거라고 생각합니다. 그런데 아주 유명한 몇몇 작가의 작품에는 맞는 이야기지만 경제학적 관점에서 본 미술품 구매 지수를 보면 아주 놀라운 결과가 발견됩니다.

1998년 1월부터 2015년 1월까지 미술품 가격의 변화인 시대별 미술 지수를 보면, 19세기 미술 작품들은 가격이 100에서 77로 하락 중입니다. 그런데 전후 미술은 100에서 250으로 두 배 반이나 상승했고, 동시대 미술 역시 100에서 203으로 두 배 이상 상승했습니다. 지금 그림을 산다면 앤디 워홀이나 제프 쿤스의 작품을 사는 것이 모네나 피카소의 그림을 사는 것보다 경제성이 더 높은 것이죠. 그림을 주식에 비유하면 앞으로 상승할 것으로 기대되는 성장주에 투자하는 것이 맞지, 이미 많이 오른 가치주에 투자하는 것은 미래지향적인 투자가 아니라는 이야기입니다.

방탄소년단의 리더 RM이나 스타강사 현우진 사이엔 공통점이 있습니다. 둘 다 소문난 미술 투자가라는 점이죠. 현우진은 시간 날 때마다 경매장을 찾아 현대 미술 작품의 경매에 참여하는 것으로 유명합니다. 지난해 10월에는 일본 현대 미술의 거장 쿠사마 야요이의 대표작 「골드스카이네트」를 36억 5천만 원에 구입했습니다. 원래 이 작품을 소유했던 사람은 MZ세대 사업가로 2016년 9억 원에 구입했습니다. 5년 만에 네 배가 뛴 거죠. 이는 주식이나 강남아파트는 물론, 비트코인보다 더 높은 상승 폭입니다. 이 소장가는 쿠사마 외에도 김환기, 이우환, 박서보, 하종현 등 국내 블루칩 미술가들의 작품을 다수 보유하고 있다고 합니다.

RM은 대표적인 그림 마니아로 윤형근, 이우환 등 현대 미술가의 작품을 사 모으는 것으로 알려져 있습니다. 그는 경매장과 화랑을 직접 돌면서 자신이 살 그림을 구매하는 것으로 유명합니다. 배우 손예진과 조윤희가 구입한 우국원의 작품은 당시 그들이 구입한 1억원대에서 두 배를 넘겨 2원 원대에 거래되고 있습니다. 우국원의 작품 「미운 오리」는 2021년 8월 K옥션에서 경매를 시작했는데 시작가 1,500만 원에서 15배 폭등한 2억 3천만 원에 최종 낙찰되었습니다.

큰돈이 없는 사람들은 '조각투자'로 미술품을 공동 구매를 합니다. 문형태 작가의 「다이아몬드」는 2,100만 원에 매각돼 처음 구매했던 투자자들이 여섯 배의 수익률을 기록했다고 합니다. 미술품 전문 앱도 등장했으니 그야말로 아트테크의 시대가 도래했습니다.

NFT 제작이 아닌 '거래'로 돈을 벌고 싶다면 한국의 현대 미술을 공부할 필요가 있습니다. 상상해낸 공포스러운 괴물의 이미지를 그리는 박승예 작가, 꿈속에서 본 것 같은 판타지를 그려 내는 김웅 작가, 동서양이 한 공간에 조응한다는 평가를 받는 이우환 작가 등은 앞으로 NFT 시장이 활성화될 경우 크게 주목받을 수 있는 세계적인 작가들입니다. K팝이 세계를 지배하고 K무비와 드라마가 그 바통을 이어받았다면 그다음에는 K아트가 세 번째 릴레이 주자가 될지도 모릅니다.

미술품 투자로 돈을 벌고 싶다면 현대 미술을 즐겨 보는 게 중요합니다. 현대 미술은 직관적으로 보아서 미추를 구별해내기가 어렵습니다. 구상이 아닌 추상의 세계를 담고, 눈에 보이는 아름다움보다 생각 속의 아름다움을 추상적으로 표현하기 때문이죠. 현대 미술을 상징하는 키워드는 파격, 혁신 등으로 표현될 수 있습니다.

혁신의 뿌리는 제1차 세계대전 이후 등장한 '다다이즘'에서 시작합니다. 1830년대 사진이 발명되면서 현실과 자연을 그대로 묘사해 아름다움을 추구하던 기존 미술은 위기를 맞습니다. 아무리 현실을 잘 모사해도 그림이 사진을 이길 수는 없었죠. 그래서 그때부터 미술은 사진과의 차별성을 위해 변신합니다. 변신의 끝이 바로 다다이즘입니다.

다다이즘은 예술의 시작이 아니라 예술에 대한 혐오의 시작이라는 말이 있듯이 기존의 미를 거부합니다. 대표적인 다다이스트 오토 딕스의 작품 「카드놀이 하는 사람들」은 그의 대표작으로, 그림이 우스꽝스럽게 보이다가 어떤 절망감마저 느끼게 합니다. 당시 전쟁에 패전한 뒤 독일에는 상이군인에 대한 적개심이 만연했는데 딕스는 장애가 있고 추한 것을 비유적으로 다루면서 시대를 비판하려고 했습니다. 다다이스트의 언어는 파편화, 절단, 사회적 규범의 파괴에 관한 것입니다. 이들은 전통적인 예술 재현을 거부하고 당시 영화 기법인 몽타주, 음향 같은 청각예술과 시각예술의 결합인 음향시, 레디메이드 제품의 적극적인 사용(변기를 미술관에 배치한 뒤 '샘'으로 이름을 붙인 마르셀 뒤샹 같은 이가 전형적이다)과 상징적인 기계와 인간의 아상블라주(집합) 등을 시도한 장르가 바로 다다이즘입니다.

다다이즘은 비트코인의 정신적 기반이 되었던 무정부주의와도 연결됩니다. 예술가들 눈에 국가는 부패하고 민족주의, 사회주의 등의 이념에 포섭되어 있으며 억압적 사회 규범으로 국민을 지배하고 기계를 이용해 사람들을 착취하려는 듯 보였습니다. 이에 대한 저항이 다다이즘이라는 운동으로 나타난 것입니다.

　현대 미술에 관심을 가져야 하는 또 다른 이유는 바로 자신의 작품을 전달하는 과정에서 현대 미술가들이 기존 예술가와는 다른 대중과의 소통을 적극적으로 추구하고 있다는 점입니다. 현대 미술에 비판적인 평론가들은 현대 미술가들이 소묘나 스케치, 드로잉 같은 그림 그리기 연습을 게을리하고 작품을 어떻게 홍보하고 작품에 어떤 기발한 제목을 붙일지 고민하는 시간이 많다고 비난합니다. 그렇지만 이런 반론도 가능합니다.

　"대중과의 직접적 접촉을 통해 자신의 작품 메시지를 전달하는 것도 예술가의 몫이다. 예술가에게는 꼭 캔버스 같은 도구만 필요한 것이 아니다. TV 인터뷰, 유튜브 동영상도 표현의 도구가 될 수 있다. 작품을 만드는 것만이 예술이 아니라 작품 완성 후에 대중과 소통하는 과정도 예술 속에 포함되어야 한다."

　현대 예술에서는 표현의 방식뿐 아니라 대중과의 접촉 방식, 미디어를 활용하는 방법 등이 모두 연구 대상이고 이들은 직간접적으로 돈과 연결되어 있습니다. 세상이 바뀌면 미에 대한 정의도 바뀌고 미술의 정의 또한 유동적일 수 있죠. 시간이 가면 NFT도 구시대의 유산이 되고 새로운 형태의 예술이 등장할 수 있겠지만 그날이 올 때까지는 열심히 NFT에 대해서 공부하고 무엇이 사람들의 마음을 사로잡는지 고민하는 작업이 필수입니다.

NFT가 비트코인이 아닌, 이더리움으로 발행되는 이유

러시아 출신 컴퓨터 엔지니어인 비탈릭 부테린Vitalik Buterin은 이더리움을 개발해 현재 재산이 1조 원이 넘습니다. 1994년에 태어난 그는 올해 만 28세로 이더리움을 만들 당시 19세였죠. 이더리움이 3,000달러를 넘었을 때 재산이 1조였고, 이더리움이 최고가를 기록한 5,000달러를 돌파한 시점에서는 1조 5천억 원쯤 되었습니다. 지금은 다시 1,500달러선이니 5,000억 정도가 되겠네요.

부테린은 IT 재벌들이 흔히 그렇듯이 대학을 중퇴했습니다. 그가 중퇴한 워털루대학은 세계 대학 순위로 166위, 캐나다 대학중 7위에 머무는 대학이지만, 실용 중심의 교육 시스템으로 실리콘밸리에서 가장 선호하는 캐나다 대학으로 유명합니다.

부테린의 천재성은 이더리움만큼 유명합니다. 네 살 때 이미 엑셀 프로그램을 능숙하게 다뤘고, 일곱 살 때는 '토끼 백과사전'이라는 문서를 만들었다고 합니다. 열 살이 되어서는 아예 직접 코딩을 해 간단한 온라인 게임을 만들 정도가 되었습니다. 2007년부터 2010년까지는 '월드오브워크래프트World of Warcraft'란 게임에 빠졌는데 게임 제작사 블리자드가 캐릭터가 지닌 기능을 없애자 그때부터 중앙집권적 서비스에 대해 회의적으로 생각해 비트코인에 관심을 두게 되었다고 합니다.

이더리움의 장점은 비트코인처럼 결제 수단으로서만 기능하는 것이 아닌, 확장성이 있다는 것입니다. 사용자가 계약, 크라우드 소스 펀딩을 생성하거나 자체 보안 소셜 네트워크를 구축할 수 있게 해 주는 NFT의 활용 가능성을 높인 것은 부테린의 천재성에 기반하고 있습니다.

'민팅Minting'은 디지털 아트를 만들어 이를 NFT화하는 작업을 말합니다. 그런데 왜 NFT는 민팅을 할 때 비트코인이 아닌 이더리움을 택했을까요? 비트코인은 애당초 결제 수단이 아닌 가치 저장 수단으로 자리를 잡았습니다. 계약할 때마다 10분씩 걸리는 비트코인이 만약 결제 수단이 되면 세상엔 대혼란이 올 겁니다. 그런데 이더리움은 그 시간을 15초로 줄였습니다. 만약 비트코인이 결제 수단이 되어 일일이 가치를 저장한다면 용량이 너무 커져 전체 네트워크의 속도를 떨어뜨릴 수 있습니다. 비트코인은 가뜩이나 속도가 느린데 지금보다 더 느려질 수가 있는 거죠. 비트코인과 달리 이더리움은 데이터를 블록에 저장하지 않습니다. 블록에는 데이터가 있는 곳을 찾아갈 수 있는 계정 주소만 저장돼 있어 훨씬 간편한 시스템입니다.

NFT는 경매로 이루어지는 '부의 이전'으로 시간 싸움입니다. 시간 싸움에서 이더리움은 비트코인을 압도하죠. 또한 비트코인의 주소가 34개의 문자를 갖고 있는 반면, 이더리움은 42개의 문자로 구성됩니다. 이는 조금 더 보안과 안전성이 높다고 할 수 있습니다. 투자에서도 이더리움은 일반인들을 더 배려합니다. 비트코인은 소수점 이하 8자리까지만 쪼개서 투자할 수 있지만, 이더리움은 16자리까지도 조각투자가 가능합니다.

비트코인이 화폐라면 이더리움은 그 화폐를 사용해 앱, SNS 등을 만들 수 있는 플랫폼이죠. NFT처럼 다양한 곳에서 다양한 용도로 쓰이는 자산은 비트코인보다 확장성이 높은 이더리움이 유리합니다. NFT는 ERC^{Ethereum Request for Comment}라는 '이더리움의 요구 사항을 위한 표준'을 사용합니다. 이는 이더리움을 이용해서 가상자산을 발행할 때 지켜야 하는 규칙이죠. 이 규칙은 계속 진화하고 있는데 20을 거쳐 721까지 나와 있습니다. 721은 예술품, 골동품, 캐릭터에 토큰을 발행하는 것으로 에술품 하나당 하나만 발행됩니다. 그 대신 토큰을 분할해 소유할 수도 있습니다. NFT 아트에 공동구매가 가능한 이유입니다.

이더리움은 '가스'라는 독특한 채굴 과정을 거칩니다. 이 가스비는 일종의 수수료인데 이더리움의 규약이 업그레이드되면 될수록 가격은 낮아집니다. NFT는 이 때문에 이더리움을 선택했을 가능성도 있습니다. 그런데 이더리움의 가스비도 비싸지만 비트코인 채굴료는 더 비쌉니다. 비트코인 하나의 채굴료가 전기세를 포함해 몇천만 원대에 이른다는 보도가 있었습니다. 비트코인 가격이 5천만 원은 되어야 채굴자들이 채굴에 나설 경제적 이유가 된다고 합니다.

현재 NFT는 이더리움 외에 솔라나Solana라는 알트코인에서도 발행이 가능합니다. 솔라나의 채굴료가 이더리움보다 훨씬 더 저렴하기 때문이죠. 보통 NFT라는 도장을 이더리움 코인을 이용해 자신의 작품에 찍을 때 한 작품당 10만 원 정도가 필요합니다. 솔라나는 이 비용보다 훨씬 저렴해 차세대 NFT가 될 수 있습니다. 하지만 아직까지는 이더리움 사용자가 훨씬 더 많아 대부분의 NFT는 이더리움으로 만들어지고 거래되고 있습니다. NFT가 뜰수록 이더리움은 더욱 잘나갈 것으로 보입니다.

누구나 참여 가능한
크립토 아트 시장

NFT 황금기입니다. 모든 황금기에는 촉매가 있죠. NFT에서는 커뮤니티가 중요합니다. 블록체인 전문 매체인 코인데스크 코리아의 2022년 특집 기사의 첫 번째 키워드로 '커뮤니티'가 선정됐을 정도로 NFT에서는 커뮤니티가 핵심입니다. NFT의 가치를 말해 주는 것은 사용자들의 커뮤니티가 얼마나 큰지, 얼마나 활성화되어 있는지가 관건입니다. NFT처럼 돈이 몰리는 곳에는 사람들도 몰리고 그 안에서 경쟁하며 발전하고 창의적인 천재가 나타날 수 있습니다.

저는 NFT 커뮤니티가 만든 창의성이 바로 「크립토펑크」에서 발현되었다고 생각합니다. 암호를 뜻하는 크립토^{Crypto}, 음악의 장르 중 하나인 펑크^{Punk}가 합쳐져서 크립토펑크라는 단어가 만들어졌습니다. '펑키하다'고 할 때 펑키는 펑크의 유사말이죠. 1970년대 영국에서 탄생한 펑크 음악은 섹스 피스톨즈라는 위대한 밴드를 탄생시켰고 그들은 대표곡 '아나키 인 더 유케이(영국에서 무정부주의)'를 남겼습니다. 펑크 음악은 19세기에 등장한 무정부주의의 20세기 버전이었고, 21세기에는 크립토펑크로 자리를 잡은 거죠. 펑크의 저항과 비판정신 그리고 풍자 등은 크립토펑크에도 그대로 살아 있습니다.

크립토펑크는 남자, 여자, 좀비, 유인원, 외계인 등 5개 캐릭터로 구성되어 있습니다. 기본 5개 캐릭터에 헤어스타일, 액세서리, 의상 등 다양한 속성을 랜덤하게 추가해 총 1만 개의 각기 다른 아바타가 만들어졌습니다. 캐릭터별로 숫자를 집계해 보면 남자 6,039개, 여자 3,840개, 좀비 88개, 유인원 24개, 외계인 9개로 나뉩니다.

NFT 커뮤니티에는 이들 파일이 자유롭게 유통됩니다. 원작자가 저작권이 아닌 소유권만 추구하기 때문입니다. 자유롭게 돌아다니되 그 대신 소유권(원본 증명서)은 하나의 파일에만 주어집니다. 그 소유권을 갖기 위해 사람들이 몇억 원의 돈을 쓴다는 것을 쉽게 이해하기는 힘듭니다. 그러나 세상은 변하고 있고 이미 변했습니다. NFT는 아직 오지 않은 미래가 아니라 이미 온 미래입니다.

5개의 캐릭터 중 좀비, 유인원, 외계인 캐릭터는 발행 수량이 더 적기 때문에 소위 '희귀템'으로 더 비싼 가격에 판매됩니다. 보통 가격은 10만 달러선이며 주로 12만~3만 달러 선입니다. 처음에 1만 개를 NFT화해서 뿌린 비주얼 아트 스튜디오가 '라바랩스'입니다.

2015년에 이더리움 등장 이후 NFT의 이더리움 발행이 이어졌으며 2017년에 1만 개 한정으로 커뮤니티에서 무료로 뿌렸습니다. 당시 하나라도 다운로드를 받았던 사람들은 그냥 앉은 자리에서 몇 억을 번 것이죠. 이렇게 시대를 앞서 변화를 읽는 것은 돈을 버는 데 매우 중요합니다.

크립토펑크 중 최고가로 팔린 것은 1,170만 달러(150억 원)에 판매된 '코비드 에어리언'입니다. 스포츠 베팅 게임사 드래프트킹스의 최대 주주이자 억만장자로 알려진 샬롬 메켄지가 구매했습니다. 이 소식이 전해지자 사람들은 NFT가 돈이 된다고 생각해 여기저기 뛰어들었습니다.

아무리 현대 미술에 조예가 있는 분들이라도 크립토펑크 작품은 좀 심하다는 생각을 할 수 있습니다. 이 작품의 특징은 재미와 위대한 미술이라고 불리는 작품에 대한 조롱과 야유가 엿보인다는 것입니다. 이 작품을 구매한 사람이 스포츠 베팅 전문가라는 사실을 보면, NFT의 시초로 불리는 이 작품의 가치가, NFT가 대중화되면 될수록 오를 것임을 확신하고 투자를 한 것 같습니다.

작년 상반기 NFT 거래 시장은 25조 달러(3조 2,500억 원)로 전년도 370만 달러에 비해 700배 이상 상승했습니다. 비트코인이 2020년 1년에 오른 속도, 2020년 급격히 오른 테슬라의 주가와 비할 바가 아닙니다. 이런 가파른 상승세를 만든 것은 1만 개의 크립토펑크가 NFT 커뮤니티에 퍼져서 사람들의 소유욕을 자극했기에 가능한 일이었습니다.

기가 막힌 손재주나 그림 솜씨가 필요한 게 아닙니다. 적당한 심미안에 무엇보다 사람들을 끌어모을 수 있는 화제를 제시할 수 있는 이벤트(이것이야말로 진정한 천재성임) 감각을 갖춘 사람이라면 미술 전공자가 아니더라도 얼마든지 NFT 아트에 판매자로 참여할 수 있는 길이 열린 셈입니다.

NFT 아트의
탄생을 이끈 비플

NFT 아트는 한 인물이 있었기에 탄생할 수 있었습니다. 바로 비플Beeple이라는 이름으로 활동하는 마이크 윈켈만Mike Winkelmann 입니다. 그는 전문 예술 교육을 받지 않은 컴퓨터 아티스트이지만 2021년 NFT뿐 아니라 모든 미술품 경매에서 획을 그은 엄청난 사건의 주인공이 됩니다. 그가 모은 JPG 파일이 크리스티 경매에서 약 6,930만 달러(900억 원)에 팔렸습니다. 모두가 벌어진 입을 다물지 못했죠.

토론토 요크대학 석좌교수이자 현대 미술 컬렉터 도널트 톰슨은 "경매에서 엄청난 액수로 판매돼 사람들을 놀라게 하는 작품에는 하나의 공통점이 있다."라고 말합니다. 바로 모든 사람이 갖고 싶어 하는 작품이라는 거죠. 경매에 참여했다가 낙찰에 실패한 사람들이 느끼는 후회와 상실감은 경매장에 참여한 모든 사람에게 전달됩니다. 그런데 비플의 작품에는 그런 놀라움이나 상실감보다 '궁금함' 혹은 '황당함'이 더 앞섰으며, 믿을 수 없다는 반응도 있었습니다.

비플은 2007년 5월부터 매일 그림을 그려 인터넷에 업로드하는 일을 고집스럽게 해 왔습니다. 그래서 작품명이 「Everydays: the First 5000 Days」입니다. 5천 일의 창작 후 비플은 컴퓨터를 통해 과거 작품을 하나로 합성했습니다. 이 작품에는 14년의 창작이 응축되었기 때문에 그 기간의 노력과 아이디어의 차별화를 높은 가치로 인정받은 것이죠. 그 노력은 정말 대단하죠. 그렇다고 해도 7천 만 달러(한화 약 900억)는 상상하기 어려운 금액입니다.

비플의 아트에 가치를 넘어 가격을 더한 것이 크리스티 경매였습니다. 비플에게 5천 개를 묶어 하나의 파일로 만들어 NFT 도장을 찍자고 제안한 것이 바로 크리스티 경매입니다. 한국 사람이 좋아하는 반 고흐의 「해바라기」 그림이 3,300만 달러에 팔린 것과 비교하면 이 작품이 반 고흐 작품보다 두 배 더 우수하다고 말할 수 있을까요? 심지어 NFT에 비판적인 사람들은 언젠가 비플의 그림이 0달러가 되는 날이 올 거라고 저주를 퍼붓기도 합니다. 이들은 비플의 그림을 구입한 사람이 블록체인 사업가로 NFT를 띄우려 짜고 치는 고스톱, 주식의 작전 세력과 같은 존재라고 비판했습니다.

그렇지만 결국 좋든 싫든 좋은 작품은 비싼 작품입니다. 그림은 작품일 뿐 상품이 아니라는 비난은 눈 가리고 아웅하는 격입니다. 그림의 가치를 돈으로 인정함으로써 금전적 여유로 화가를 더욱 작업에 매진하게 하며, 그로 인해 관계되는 많은 사람이 먹고산다는 것을 생각하면 돈과 미술의 작품성에 대한 부정적인 상관관계가 있다는 식으로 생각해서는 안 될 것 같습니다. 박상용 미술 전문기자는 "지금 활동하는 작가들 중에 자신의 그림을 돈으로 생각하지 않는 사람은 몇 명이나 될까?"라고 말합니다.

비플은 웹 디자인을 할 때 항상 세계 각지 디자이너들의 작품을 보고 새로운 드로잉 응용 프로그램을 지속적으로 배워 창의적인 영감과 기술을 키웠다고 합니다. 배우고 연습하는 과정에서 비플은 점차 컴퓨터 페인팅에 매료되어 갔습니다. 디자이너가 된 비플은 개인 작업을 통해 수입을 얻고, 점차 인기를 얻으며, 유명 가수와 영화, TV 드라마의 디자인 작업도 수행했습니다. 그는 할리우드 영화 「스파이더맨」의 포스터 디자인과 제작에도 참여했습니다. 그가 파트너로 일했던 기업에는 루이비통, 애플, 삼성전자, 코카콜라 등 세계 최고의 브랜드가 즐비합니다. 그가 하루아침에 800억대 작품을 만든 게 아니라 착실하게 연습하고 훈련해 온 결과입니다. 여기에 빠르게 시대의 흐름을 읽었다는 것이 주효했습니다.

비플은 NFT 아트 분야에서 가장 인기 있는 아티스트가 되기까지 여러 차례 도전했습니다. 2020년 하반기 NFT가 암호화 예술 애호가들 사이에서 인기를 얻었다는 사실에 주목하고 그의 시리즈 일부를 니프티 게이트웨이Nifty Gateway 거래소 경매에 올렸습니다. 니프티 게이트웨이는 NFT 작품 경매 전용 거래소입니다.

2020년 12월 14일, 비플의 또 다른 작품이 이 거래소에서 777,777달러에 판매되었습니다. 당시 이 작품은 NFT 작품 경매에서 최고가를 기록했습니다. 얼마 지나지 않아 비플의 또 다른 NFT 작품이 660만 달러에 재판매되어 단일 NFT 작품에 대한 직전 기록인 150만 달러를 경신했습니다. 이런 식으로 계단을 밟아 당대 최고의 NFT 아티스트가 되었습니다.

돈이 보이는
NFT 마켓플레이스 사용법

NFT가 미술 시장에서 대세가 된다면 무슨 변화가 일어날까요? 화랑은 어떻게 될까요? 아트페어들은 예전처럼 활성화될 수 있을까요? 물론 온라인 옥션이 존재하지만 오프라인 시장이 메인인 경매는 어떻게 될까요? 화랑에서 직거래하던 그림들은 NFT 마켓플레이스로 급격히 이동할 수도 있습니다. 아트페어 역시 줌이나 유튜브 등을 이용한 비대면 페스티벌로 바뀔 수도 있습니다.

NFT 미술품 시장이 10년 후에는 현물 시장을 추격할 것이라는 전망이 나오는 만큼 미술품 거래의 메카가 NFT 마켓플레이스로 이동할 것으로 보입니다. 결국 미술품 투자로 돈을 벌고 싶다면 NFT 마켓플레이스 사용법에 익숙해져야 합니다.

2022년 현재 부동의 1위 NFT 마켓플레이스는 '오픈시^{Opensea}'

입니다. 2위인 '매직 에덴'보다 여덟 배나 더 큽니다. 오픈시는 NFT의 아마존이라고 생각하면 됩니다. 2020년 가을부터 2021년 초까지 1400만 개 이상의 자산이 팔리고 있으며, 거래량이 100배 이상 증가했습니다. 이곳에서 돈을 벌고 싶다면 회원가입과 상점을 개설한 후 그 상점의 브랜드로 자신이 만든 디지털 파일을 파는 방식이죠. 누구나 오픈시에 계좌를 연결한 후 상품을 등록하거나 구매할 수 있습니다.

국내 NFT 애호가들을 위한 국내 NFT 마켓플레이스도 많습니다. 카카오톡이 만든 자회사 '그라운드X'가 지난해부터 서비스를 시작했고, 넥슨의 자회사 '코빗'도 지난해부터 NFT 상품 거래 서비스를 시작했습니다.

NFT에 관심이 많은 미술 애호가들은 2021년에 간송미술관과 관련된 뉴스를 많이 들었을 겁니다. 특히 간송미술관이 보유한 국보 제70호인 '훈민정음 해례본'을 NFT화한다는 뉴스는 충격적이었습니다. 간송미술관(간송미술문화재단) 측은 이를 NFT로 제작해 100명에게 한정 판매하는 사업을 추진했습니다. 작업은 훈민정음 이미지 파일이 저장된 클라우드 주소 및 구매 정보 등이 블록체인화됩니다. 실물 훈민정음이 존재하는 만큼 희소성이 떨어져 이를 스캔한 디지털 파일 1개당 1억 원이었습니다.

간송미술관은 훈민정음에 이어 두 번째 NFT 이벤트를 시도했는데 고려청자를 NFT로 만들어 파는 것이었죠. 원본은 원본대로 있고 청자를 활용한 그림 카드 뉴스를 NFT화하는 것으로 이 역시 완벽한 NFT라고는 할 수 없습니다.

결국 NFT의 대중화에는 원본의 존재 여부가 매우 중요하며, 디지털 아트처럼 원본 자체가 디지털 파일일 때가 훨씬 더 NFT화하기 쉽다는 것을 알 수 있습니다.

간송미술관은 2022년도에도 NFT 상품을 선보였습니다. 국내 국보급 문화재 중 처음으로 경매에 내놓은 금동삼존불감과 계미명금동삼존불입상도 NFT 도장을 찍었습니다. 한글 훈민정음과 달리 실물의 소유권 자체가 넘어가는 경우여서 100억 원의 지정가를 내걸었습니다. 사람들은 NFT 공동구매를 통해 소유권을 나눠 갖게 됩니다. 결국 경매는 유찰됐는데 복합적인 이유가 작용했을 것으로 보입니다.

우선 100명이 소유한다면 보관은 어디에서 해야 할까요? 처음부터 난항이 예상되었던 이 프로젝트는 국내 암호화폐 커뮤니티 초창기부터 활동해 온 정우현 아톰릭스랩 대표와 카카오 블록체인 기술 자회사 그라운드X의 한재선 대표, 메타콩즈, 리도 프로젝트, 법무법인 이제 등 취지에 공감한 개인과 업체가 국보DAO(탈중앙화 자율조직)에 참여해 입찰에 필요한 기반을 마련하기 위해 노력했습니다. 법무법인이 참여한 이유는 예술품에는 소유권과 저작권이 있지만, NFT에는 소유권만 인정되고 저작권은 인정되지 않기 때문입니다. 법률적 문제 해결은 NFT 대중화를 위해 반드시 넘어야 할 산이라는 게 이번 유찰로 증명됐습니다.

NFT 마켓플레이스 관련해서 알아두면 좋은 또 하나는 삼성전자가 NFT 거래가 가능한 TV를 출시하겠다고 세계 최대의 정보통신기술(ICT) 기반 가전제품 전시회인 2022 CES에서 밝혔다는 것입니다. TV로 NFT가 거래된다면 이는 삼성전자가 최초입니다. 삼성전자에 따르면 TV를 비롯한 여러 기기에서 게임과 영화 감상, 온라인 동영상 서비스(OTT)를 지원하는 '스마트 허브'에 NFT 거래 기능을 넣겠다는 것입니다. 삼성전자 측은 "디지털 예술 작품을 발견하고, 거래할 수 있는 직관적인 통합 플랫폼이다. 소비자들은 소파를 떠나지 않고도 NFT를 검색하고 살 수 있다."라고 발표했습니다. 아울러 LG전자도 거래가 가능한 TV를 만든다는 발표가 있었지요.

NFT는 제2의 독립운동입니다. 국민과 기업이 한마음이 되어 NFT 경제에서 선진국의 자리를 차지하기 위한 거국적 노력이 시작되었습니다.

NFT 투자자들의
10대 리스크

'돈신궁예TV'는 미대 출신 애니메이션 전공자가 '요그'라는 미디어 아트 스튜디오를 설립해 활동하다 지난해부터 NFT아티스트 활동으로 병행한 프로그램입니다. 저는 NFT가 대중화되려면 컴퓨터 공학자와 돈신궁예 같은 미대 출신 미디어 아티스트들의 공조가 매우 중요하다고 생각합니다. 컴퓨터 공학자가 전담한다면 기술적 측면으로만 쏠려 대중들의 관심이 멀어질 수 있습니다.

돈신궁예는 최근 NFT에 대해 창작자의 관점에서 쓴 『NFT 아트 실전 수업』을 출간했습니다. 저자는 NFT의 최대 장점이 시작부터 글로벌하게 출발할 수 있다는 점을 꼽았습니다. 그의 첫 번째 작품도 '파운데이션'이라는 마켓플레이스에서 일론 머스크의 처남에게 팔렸습니다. 모두에게 열려 있고 국경이 없는 시장이 바로 NFT 시장인 거죠. 이 책에는 NFT 아트의 실체와 제작 기법이 자세하게 소개되어 있는데 그가 선정한 NFT 아트의 10가지 리스크는 다음과 같습니다.

1) **알아야 할 것이 너무 많다:** 새로운 것을 공부하는 모든 이에게 해당하는 리스크

2) **변화가 너무 빠르다:** 공부한 것들이 1년도 아닌 몇 개월 만에 죽은 지식이 되는 경우가 허다하다.

3) **홍보가 어렵다:** NFT는 커뮤니티가 중요하다는 말은 홍보가 어렵다는 뜻이다. 해외 컬렉터들에게는 언어의 장벽도 존재한다. 따라서 NFT 아티스트와 컬렉터들이 적극 활용하는 트위터를 활용해야 한다.

4) **환경오염에 대한 우려가 있다:** 이더리움 가스비 때문이다. ESG가 대세인 만큼 이 문제 해결 없이는 NFT의 대중화도 어렵다

5) **시장에 거품이 있다:** 지금은 거품이 빠지고 있어서 NFT가 침체되고 있는 중이다. 저자의 주장에 한 걸음 더 나아가서 거품이 생기면 사기도 함께 생긴다는 게 내 입장이다. 모 마켓플레이스에서는 올해 NFT를 거래한 600명 중 100건은 자전거래였다고 한다. 따라서 자신이 비싸게 사서 가격을 올리고 되팔려는 행위를 조심해야 한다. 같은 업계 사람들이 대출을 받아가며 서로 NFT 작품을 사주며 가격을 올리기도 한다. 최고액을 기록한 비프의 「매일; 첫 5000일」을 사준 이가 NFT펀드를 창립한 메타코반이다. NFT는 블록체인 기반 거래로 누가 갖고 누가 팔았는지 다 알 수 있기 때문에 작품에 관심이 있다면 그

작가의 판매이력을 반드시 확인해야 한다.

6) **암호화폐 변동성이 크다:** 이더리움뿐만 아니라 비트코인 가격까지 NFT에 영향을 미친다. 루나 테라 사태로 암호화폐에 최악의 악재가 온 것이 NFT에도 부정적인 영향을 줄 수밖에 없다.

7) **저작권을 침해하는 스캠(사기)계정이 생길 수 있다:** NFT는 복제한 제품과 원본을 구분해 주는 것이지, 원본을 비슷하게 베껴서 마치 새로운 작품처럼 소개하는 짝퉁 NFT까지 잡아내지는 못한다. 충분히 우려되는 걱정이다.

8) **지갑 해킹의 가능성이 있다:** 모든 블록체인 투자자들의 고민이다.

9) **원본이 유실될 수 있다:** 나는 증서만 보관할 뿐 디지털 원본은 오픈시 등의 마켓플레이스에 보관된다. 그들의 서버에 문제가 생기면 끔찍한 일이 벌어진다.

10) **각종 규제나 세금 정책이 정리되지 않았다:** 앞으로 정책도 생기고 규제도 생기겠지만 국가마다 다른 규제와 세금 정책 때문에 발전이 더뎌질 수도 있다.

이 외에도 리스크를 추가하자면 '저작권' 문제가 있겠지요. 도대체 저작권 없는 소유권이 무슨 의미가 있을까요. 물론 더 비싼 가격에 팔려는 사람들이라면 소유권만으로 만족할 수 있겠지만 저작권이 해결되지 않으면 절름발이 신세를 면하기 어렵습니다.

이런 리스크를 항상 고려하면 유목민 등 슈퍼 개미들이 이구동성으로 인정하는 '매매일지 기록'을 NFT 투자자들에게도 적극 추천합니다. 유목민은 본격 시장 참여 전에 몇 개월 동안 상한가를 분석하는 리포트 작성을 거칩니다. '왜 올랐을까? 왜 샀을까?'를 분석하는 과정에서 시장과 시장의 수급을 읽는 훈련을 하는 거죠. NFT로 돈을 벌고 싶다면 NFT로 팔린 예술품들의 분석 리포트를 만들어 보는 것도 추천할 만합니다.

'왜 팔렸나? 왜 그 가격이어야 하는가?'

결국 심미안과 희소성의 원리를 이해해야 NFT 투자로 돈을 벌 수 있습니다.

4장

BTS의 앨범이 아닌 NFT를 사라

음악계는 NFT를 가장 환영하는 집단입니다. 전 세계적으로 열성 팬이 있기 때문이지요. 비틀스의 시대와 BTS의 시대는 뭐가 다를까요? 바로 돈 버는 방법이 달라졌습니다. 따라서 마케팅이 훨씬 더 중요해졌습니다. 음원계의 넷플릭스 '스포티파이'에 주목해야 하는 이유, 음악 NFT를 선도하는 아티스트 '3LAU', 악기별 토큰화의 길을 걷는 음악 NFT의 기술 발전 속도, 음악저작권 거래 개념의 원조 데이비드 보위와 현재 우리가 지닌 뮤직카우 서비스를 비교해 봅니다. 메타버스 콘서트가 또 다른 수익 모델이 될 수 있는지도 점검해 봅니다.

음악계는 NFT를
어떻게 바라보는가?

런던경영대학원의 알렉스 에드먼스Alex Edmans와 연구진은 40개국 사람들이 스포티파이Spotify에서 듣는 음악의 평균 긍정도에 관한 데이터를 모았습니다. 그런 다음 그 데이터를 같은 기간 각국 주식시장의 실적과 비교했더니, 그 결과 행복한 음악을 들을 때 주식 수익률이 높은 것으로 나타났습니다.

상관관계는 분명히 있는 이론입니다. 미국에서 주식이 오를 때 많은 사람이 부르는 행복한 곡은 1970년대 애틀란타 출신의 소울 펑크 그룹 어스 윈드 앤드 파이어Earth, Wind & Fire의 '셉템버September'라는 곡입니다. 우리나라에서도 삼성전자 휴대전화 갤럭시의 광고 음악으로 쓰이면서 널리 알려진 곡입니다.

음악은 근본적으로 NFT로 100% 가치가 이전되는 데는 한계가 있습니다. 앞서 미술 편에서 살펴본 대로 음악은 미술처럼 소유의 개념, 경매 시장이라는 공개 시장이 존재하지 않기 때문이죠. 베토벤의 지명도나 베토벤의 9번 교향곡을 모르는 사람은 없지만 베토벤의 음악을 들을 때 사람들이 MP3 구입료 약간과 소수의 마니아들이 지불하는 LP나 CD 음반 가격으로 음반사에 지불하는 비용 외에 다른 수익 모델이 없습니다. 바흐나 모차르트도 마찬가지죠. 팝 음악도 처지는 비슷합니다. 사람들은 비틀스를 좋아하고 여전히 많은 사람이 비틀스의 음악을 듣지만, 비틀스를 위해 돈을 쓰는 사람들은 1960년대 비틀스가 활동하던 시절에 비해 비교할 수 없을 정도로 현저히 줄어들었습니다.

NFT는 소유권의 개념이고 음악은 저작권의 개념이 적용되기 때문에 어떻게 음악 산업이 NFT로 돈을 벌 수 있을지는 솔직히 미지수였습니다. NFT 등장 이전에 활발히 거래되어 온 미술 시장이나 아이템이 거래되는 게임처럼 NFT와 잘 맞지 않는 듯 보였습니다. 그러나 NFT는 아티스트에게도 그리고 음악팬에게도 돈을 벌 기회가 될 수 있습니다.

첫 번째 가능성은 가수가 음악을 NFT 경매 사이트에 올려 비싸게 판 뒤 그 수익을 갖는 방법입니다. 아예 음반 발매를 NFT로 하는 가수들도 있지요. 킹스 오브 리온Kings of Leon이나 클래리언 Clarian 같은 아티스트들은 자신의 음악을 다수의 팬이 듣는 방식이 아닌 소수 내지 한 명의 소유자에게 권리를 비싸게 넘기는 방식으로 수익을 올립니다. 자크 그린Jacques Greene은 싱글 트랙 '약속 Promise'의 판권을 NFT 형식으로 경매에 부쳤고, 이는 7이더리움 ETH에 팔렸습니다. 3천 달러라는 시가를 고려하면 2만 1천 달러 정도에 판 거죠.

영국의 일렉트로닉 뮤직 듀오 디스클로저Disclosure는 트위치 방송에서 스크래치 라이브를 이용해 곡을 만든 다음 곧바로 NFT로 판매하기 위해 가공했습니다. 일론 머스크의 연인으로 유명한 그라임스Grimes는 음악과 이미지, 쇼트필름으로 구성된 일련의 디지털 작품을 600만 달러(약 72억 원)에 판매했지요.

곡을 소유한 사람은 앨범으로 만들어 대중에게 판매하면서 수익을 누릴 수도 있습니다. 그냥 혼자 들으면서 "이 세상에서 나만이 이 음악을 듣는다."라는 만족감을 느낄 수도 있겠지요. 유명 가수 중에서는 3LAU가 자신의 앨범 〈울트라바이올렛Ultraviolet〉의 발매 3주년을 기념해 LP를 NFT로 경매에 부쳤습니다. 그는 이 앨범의 플래티넘 바이닐과 미발매곡들을 들을 수 있는 혜택을 제공하여 1,160만 달러(약 150억 원)가 넘는 수익을 거뒀습니다.

한 아티스트가 신보 출시를 앞두고 있다고 가정해 봅시다. 앨범을 대중에게 공개도 하지만 한 사람만을 위해 특별한 NFT를 만들 수도 있습니다. NFT 도장을 찍은 앨범에는 오직 한 명의 진정한 소유자만이 얻는 매우 특별한 콘텐츠로도 가능합니다. 예를 들면 앨범 판매액의 일부에 대한 영구적 소유권, 미공개 곡, 또는 공연 시 백스테이지에 접근할 수 있는 권리 같은 것을 끼어 팔 수 있습니다. 아티스트가 팬을 만날 방법이 좀 더 다양해진다는 뜻입니다.

NFT는 앨범 회사나 제작사 같은 중간 단계를 건너뛰고 가수가 마켓플레이스에서 직접 팬을 만날 수 있기 때문에 서로에게 이익이 될 수 있습니다. 신인 가수들은 자신의 곡을 NFT로 마켓플레이스에 올려놓고 문화에 관심이 많은 구매자를 기다릴 수 있습니다. 구매자는 NFT를 구매한 뒤 혼자 감상하거나 스포티파이 같은 MP3 음원 사이트에 팔아 수익을 낼 수도 있습니다. 그리고 NFT를 담보로 은행권으로부터 대출을 받아 다른 곳에 투자할 수도 있습니다. 즉, 음악 감상자가 잠재적 투자자가 되는 기회를 NFT가 제공한다는 뜻입니다.

이런 방식은 음반사나 제작사가 갑이고 가수는 을이라는 이른바 노예 계약 같은 나쁜 관행을 없앨 수 있다는 장점이 있습니다. NFT는 가수와 팬이 직접 만나서 서로가 원하는 조건으로 거래할 수 있게 함으로써 전통적인 갑을 관계에서 벗어나 건전한 생태계가 만들어질 수 있습니다.

'크립토 아이돌'은 비트코인을 지지하는 팬들이 지원하는 특별한 팬덤을 말하는데 건전한 생태계가 만든 건전한 직업이라는 생각이 듭니다. 아이돌이 대중문화를 이끈다면 크립토 아이돌은 NFT 세계를 이끕니다. 1호 크립토 아이돌은 국내의 엑시시스터

즈입니다.

그런데 음반제작사와 기획사가 NFT에 전사적으로 뛰어드는 이유는 뭘까요? 최근 SM의 총괄 프로듀서인 이수만은 NFT를 메타버스와 함께 미래 콘텐츠로 꼽았으며, JYP엔터테인먼트는 디지털 자산 거래소 '업비트'의 운영사인 '두나무'와 손잡고 NFT 플랫폼 사업을 준비 중입니다. 선미와 뱀뱀GOT7 등이 소속된 '어비스컴퍼니' 또한 NFT 플랫폼 '디파인'과 업무계약을 완료해 NFT 시장에서 팬들과 곧 만날 예정입니다. BTS의 소속사 하이브 또한 두나무와 손을 잡고 BTS 한정판을 미국에서 NFT로 판매할 예정입니다.

하지만 제작사와 아티스트, 팬이 모두 만족할 만한 NFT는 존재하기 어렵습니다. 결국 제작사는 수익성을 높이기 위해 음반이나 콘서트 외에 수익 모델 다각화 차원에서 NFT에 관심을 가질 수 있습니다. NFT는 태생적으로 자유를 추구합니다. 비트코인처럼 중앙은행이 필요 없는 P2P 금융 같은 것이지요.

NFT는 결국 팬과 제작사 중에서 하나를 택해야 하는데 결국 팬으로 귀결되리라 봅니다. BTS가 좋아서 BTS에 돈을 쓰는 거지, 기획사인 하이브가 부자 되라고 돈을 쓰는 건 아니죠. 그리고 MZ세대가 자신을 위해 쓸 돈을 줄이고 좋아하는 가수를 위해 돈을 아끼지 않는다고 해도 그 한계는 분명히 있습니다.

음반과 공연 외에 다른 동영상 파일(예를 들어 사생활을 다룬 파일)

을 어마어마한 액수로 살 사람이 그리 많아 보이지 않습니다. 제작사는 홍보비, 마케팅비를 막대하게 쓰며 블랙핑크, BTS 등을 스타로 키우지만, 스타가 팬들과 직접 NFT 시장에서 만나 거래를 하는 상황에서는 기획사의 존재 이유는 크지 않습니다.

이것이 음악 NFT의 최대 리스크이자 딜레마입니다.

텐센트가 스포티파이 인수에
실패한 이유

음악 산업에서 돈을 벌고자 하는 투자자라면 주목해야 할 기업이 있습니다. 바로 스웨덴에 본사를 둔 글로벌 점유율 1위 음악 스트리밍 플랫폼 기업인 '스포티파이'죠. 이용자 수가 3억 명을 넘고, 그중에서 매달 돈을 내고 유료로 듣는 유료 가입자 수가 1억 5천만 명이 넘습니다. 보유한 곡은 5천만 곡이 넘습니다. 한마디로 음악의 넷플릭스죠. 사용자는 지금 자신과 같은 음악을 듣는 회원을 검색할 수 있어, 자신과 취향이 맞는 이성과 만날 수 있어 자연스러운 교제도 가능합니다.

미국의 한 뮤지션은 "한 달에 1만 원만 내면 원하는 음악을 실컷 듣는 음악 산업 시스템 속에서 아티스트는 1곡 재생당 0.1원이라는 형편없는 대우를 받고 있다."라고 비난한 적이 있습니다.

그런데도 대다수 아티스트가 스포티파이에 음원을 제공한다는 것은 스포티파이가 음악 산업에서 얼마나 큰 영향력을 행사하고 있는지 알 수 있습니다.

스포티파이는 음원 시장 외에 오디오 시장에서도 최강자입니다. 2020년 미국의 인기 코미디언 조 로건에게 1억 달러를 투자해 팟캐스트 독점권을 사들였고, 스포츠 팟캐스트 중 1위인 더 링어를 인수해 한창 뜨겁게 달구어지던 오디오 시장에서 제국으로 성장했습니다. 결국 팟캐스트 시장의 압도적 1위였던 애플을 따돌리고 팟캐스트에서도 1위를 기록할 수 있었습니다.

인구 1천만에 불과한 스웨덴에서 세계 최고의 음원 기업이 탄생한 비결이 무엇일까? 우리나라에서는 2020년부터 서비스가 시작됐지만, 여전히 유튜브보다 인지도면에서는 떨어집니다. 2017년 나스닥에 상장됐을 때 공모가는 132달러였습니다. 첫 거래가가 165달러로 넷플릭스의 첫날 거래가를 압도합니다. 2021년 1월 주가가 345달러까지 올라갔지만, 연초 나스닥에 대조정이 오면서 110달러 선입니다. 시가 총액도 200억 달러로 상당히 낮아졌죠. 넷플릭스처럼 OTT에 수많은 경쟁자들이 몰려 있는 상황이 아니어서 스포티파이가 장기적으로는 더 전망이 있다는 분석가들도 많습니다.

세계적인 빅테크 기업들이 스포티파이 기업에 주목했습니다.

애플의 스티브 잡스는 아이팟 때문에 스포티파이를 견제했고, 메타플랫폼스와는 긴밀한 관계를 유지했죠. 소프트파워가 약한 중국 정부는 세계를 문화적으로도 지배하고자 게임과 음악에 많은 투자를 하고 있습니다. 영화로는 미국을 이기기 어렵지만 후발주자인 게임이나 음악으로는 해 볼 만하다는 평가를 하는 것이죠. 12억 사용자를 등에 업은 위챗이라는 SNS 플랫폼을 갖춘 중국 최고의 빅테크 기업 텐센트가 집요하게 스포티파이 인수에 달려들었고, 가격결정권도 스포티파이 경영진에게 넘겼지만, 결국 인수에는 실패했습니다. 알리바바의 마윈은 정권 눈 밖에 났지만, 텐센트의 창업자 마화텅은 열렬 공산당원으로 그가 엔터테인먼트 산업에 투자를 한다는 것은 곧, 시진핑이 이 분야에 관심이 많다는 것을 뜻합니다. 하지만 스포티파이는 중국의 독재 권력이 세계인의 음악적 취향을 조종하는 것을 진심으로 원하지 않을 겁니다.

스포티파이 외에도 스웨덴을 대표하는 스타트업 유니콘은 많습니다. 마이크로소프트가 인수한 '스카이프', 후불제 결제 시스템으로 유명한 스웨덴 결제 전문 핀테크 기업 '클라나', 그리고 그 유명한 '마인크래프트 게임'도 있습니다. 인구 대비로 따지면 실리콘밸리에 이어 세계에서 두 번째로 유니콘이 많은 나라입니다.

스웨덴이 스타트업의 허브로 성장한 데에는 스웨덴 정부의 노력이 컸습니다. 누구나 간편하게 창업할 수 있는 절차를 만들었고, 실패를 하더라도 개인 파산까지 가지 않도록 하는 보호장치를 마련했습니다. 게다가 해마다 4천억 원가량의 기금을 스타트업에 지원하고 있죠. 그 결과 스웨덴의 스타트업의 생존율은 다른 나라보다 훨씬 높습니다. 국민들도 창업을 당연하게 생각합니다. 18세에서 64세까지 창업의 연령대가 다양합니다. 이 연령대의 65%가 창업을 생각해 본 적이 있다는 통계 조사가 있을 정도입니다.

음악 산업에 관심이 있다면 BTS와 블랙핑크 같은 국내 아티스트뿐만 아니라 스포티파이처럼 전 세계 음원 유통을 지배하는 기업에도 관심을 가질 필요가 있습니다.

NFT 음악 산업을 선도하는
3LAU는 누구인가?

3LAU(블라우)라는 미국 뉴욕 출생의 31세 DJ 겸 프로듀서가 있습니다. 음악의 NFT화에 가장 열정적인 아티스트로 『NFT 레볼루션』에 처음 소개된 인물입니다. 국내에서는 다소 낯선 인물이지만, 작사, 작곡과 더불어 연주자들의 음악을 편집하면서 보컬을 입히는 작업을 합니다.

그는 NFT의 대중화에 사활을 걸었습니다. 자신과 함께 믹싱을 할 수 있는 음악적 권리 등을 NFT화해 경매에 붙였습니다. 오리진 프로토콜이라는 핀테크 업체와 협력하여 총 33명의 경매 구매자를 배출해 냈습니다. 플래티넘 입찰에 성공한 1위 입찰자는 NFT로 토큰화될 신곡을 작업하는 과정에서 블라우와 함께 음악 작업을 할 수 있는 기회가 포함된 패키지를 얻게 됩니다. 골드 패키지 수상자들은 '울트라바이올렛' 앨범 커스텀 믹스의 방향을 함께 결정하며 NFT 미공개 음악에 접근할 기회도 제공받습니다. 이는 자신이 좋아하는 가수와 음악을 만드는 과정에 같이 참여하는 아주 특이하면서도 행복한 경험을 파는 거죠.

새로운 음악 시장에 대한 대중의 관심과 열기로 최종 낙찰액은 1천만 달러가 넘는 1,168만 4,101달러(한화 150억 원)로 마감되었습니다. 800억 원에 육박하는 미술과는 비교하기 어렵지만, 음악 NFT의 새로운 가능성을 보여 주었습니다.

그런데 문제는 이런 색다른 경매에 참여하기 위해서라면 복잡한 토큰의 발행과 보유라는 과정을 반드시 거쳐야 한다는 사실입니다. 이에 대해 블라우와 함께 NFT 경매를 주도한 오리진 프로토콜Origin Protocol의 조시 프레이저 대표는 특히 NFT 경매에 익숙하지 않은 일반인 고객을 위해 특별 경매 서비스를 선보인다고 밝혔습니다. 그는 "일반인 고객도 NFT 경매에 손쉽게 참여할 수 있도록 신용카드 결제를 지원하는 서비스를 출시할 예정이다. 여기서는 현재 이뤄지는 NFT 경매보다 더 저렴하고 접근성 좋은 상품을 주로 선보이게 될 것이다."라고 설명했습니다.

그렇다면 이런 궁금증이 생깁니다.

'NFT라는 토큰이 없는 NFT 경매를 NFT라고 부를 수 있을까?'

누구나 NFT를 통해
멜로디를 만드는 시대

앞으로 음악은 NFT와 만나 어떻게 진화할까요? 그동안 음악을 즐기는 방식이 다양하게 변화해 왔는데, LP나 카세트테이프, CD를 사서 듣다가 MP3 플레이어로 넘어왔고, 거기서 다시 스마트폰의 보급과 함께 스트리밍이 트렌드가 되었습니다. 이제 음악이 대체 불가능한 토큰을 만나 과거 앨범과 음원을 소유하던 욕구를 자극하려고 합니다.

맞춤 음악이 NFT로 가능할까요? 예를 들어 BTS가 정규 앨범을 내놓습니다. 스튜디오에서 녹음해 모든 사람이 똑같은 음악을 듣는 상황은 대체 가능한 토큰인 셈이죠. 그런데 사랑이 들어가는 노래에 사랑하는 대상의 이름을 넣어서 특별히 녹음하는 경우를 생각해 볼 수 있습니다. 목소리 인공지능과 협업해서 완벽하게 원본을 복제하여 특정인의 이름을 다양하게 넣어 편집하는 것입니다. 예를 들어 "다희야 사랑해, 다희야 생일 축하해"라는 메시지를 노래 중간이나 마지막에 삽입한 뒤 이를 NFT로 고가에 팔 수 있는 기회를 가져볼 수 있습니다.

이탈리아에서는 악기별로 음악을 세분화하여 음악과 NFT가 만나기도 합니다. 예를 들어 좋아하는 곡 중에 최초로 녹음된 기타 음악만 따로 NFT로 발행하는 거죠. 음악 전체가 아니라 악기별로 음악을 듣는 겁니다. 그리고 그 기타를 가지고 새로운 멜로디를 만들어 역시 이를 NFT화해서 소수의 마니아만 들을 수 있도록 할 수도 있습니다. 비틀스를 비롯해 BTS까지 대중음악이 대중을 상대로만 했다면 NFT는 소수의 마니아들을 위해 틈새시장을 형성할 수도 있습니다.

우리나라에서도 이와 비슷한 시도가 있었습니다. 음악 연주 플랫폼 더플레이어의 개발사 리머스는 카카오의 블록체인 계열사인 그라운드X가 자체 개발한 디지털 자산 지갑 서비스 클립Klip에 리스팅을 완료했습니다. 더플레이어는 임종관 대표가 음악 메타버스를 구축하고자 제작한 블록체인 음악 연주 플랫폼으로 악기를 다루지 못하는 유저들도 간단한 터치와 드래그만으로 클래식부터 최신 K팝까지 자신이 좋아하는 곡을 직접 연주하며 즐길 수 있는 '음악의 새로운 경험'을 제공합니다. 더플레이어의 음악들은 실제 현업에서 활동 중인 뮤지션들이 더플레이어의 오픈 플랫폼 시스템을 통해 NFT로 공급할 수 있고, 향후 연주에 따라 플레이어 토큰PLR을 대가로 받을 수 있는 시스템입니다. 사용자들도 더플레이어에서 연주 활동을 하며 플레이어 토큰을 대가로 받는 P2EPerform to Earn 구조입니다. 음악도 게임처럼 즐기면서 할 수 있는 세상이 오는 것이죠.

더플레이어는 음악에 대한 기존 선입견을 완전히 깹니다. 음악을 듣고, 따라 부르는 정도가 아니라 직접 연주하는 특별한 경험을 제공하기 때문이지요. 이미 PS2 게임 중에는 기타 플레이어라는 시리즈로 내가 기타리스트가 되어 연주하는 게임이 있으며, 이를 NFT와 연결하는 것이 더플레이어의 시스템입니다.

6개월 동안 베타테스트를 하는 동안 구글 플레이스토어 음악 카테고리 분야 1위에 올랐으며, 2022년 2월 기준 약 15만 명의 가입자에 5만 명의 월간 활성 이용자 수MAU를 기록하고 있습니다. 거기다 국민 앱인 카카오톡을 통해 접근할 수 있다는 쉬운 접근성도 강점입니다. 클레이튼Klaytn 기반의 토큰과 NFT 등을 편하게 관리, 전송할 수 있다는 장점도 있어 얼마나 성장할지 기대가 됩니다.

뮤직카우의 원조는 데이비드 보위의 채권이었다

재테크 책 중 고전으로 꼽히는 『돈의 본능』을 보면 '대안투자'라는 개념이 등장합니다. 주식, 채권, 부동산, 선물옵션 등의 파생상품과는 다른 희소성이 있는 자산에 투자하는 것을 일컫는 용어입니다. 몇 년 전까지만 해도 가상화폐 투자도 여기에 포함됐죠. 예를 들어 소송 자금을 조달해 주고 보상을 받으면 그 일부를 받는 보상펀드, 미술품에 직접 투자하는 펀드, 종신보험에 가입한 사람들로부터 종신보험을 해지환급금보다 비싸게 사 주고 기다렸다가 예정 수령 보험금을 투자자에게 배분하는 생명보험전매 등이 있습니다. 그중에서 최근 TV에서 자주 소개되는 음악 저작권 투자도 대안투자에 들어갑니다. 우리나라에서는 '뮤직카우'라는 음악 저작권 투자 플랫폼이 있는데, 미국에서는 로열티 펀드라고 부릅니다.

지금은 작고한 영국의 싱어송라이터 데이비드 보위가 시작한 '보위 펀드'가 최초입니다. 1997년에 미국의 푸르덴셜 보험이 데이비드 보위를 채권의 발행자로 하여 보위 본드를 만들었습니다. 당시 펀딩 규모는 5,500만 달러 규모였습니다. 보위는 중성적인 이미지에 독특한 음색과 라이브로 인기를 얻었습니다. 그가 창시한 '글램 록Glam rock'은 1970년대 펑크 음악과 함께 한 시대를 풍미했던 시대 정신이기도 하죠. '보헤미안 랩소디'로 우리에게 잘 알려진 퀸도 글램 록 그룹입니다. 퀸의 리드보컬 프레디 머큐리와 데이비드 보위는 단짝으로 '언더 프레셔Under Pressure'를 부르기도 했습니다.

보위 본드를 산 투자자들은 보위의 앨범이 팔릴 때마다 채권 이자를 받는 구조입니다. 보위의 저작권은 사후 더 가치가 높아져 2억 5천만 달러(3천억 원)에 이른다고 합니다. 보위 본드에 투자한 사람들은 적잖은 수익을 올릴 수 있었죠. 이후 헤비메탈 그룹 아이언메이든 그리고 영국을 대표하는 싱어송라이터 엘튼 존 등이 이 대열에 가담했습니다. 어찌 보면 크라우드 펀딩과도 비슷한데 투자라기보다는 미리 음반 제작비의 일부를 대주고 출반 후 예상되는 수익을 나누는 금융상품이라는 점에서 차이가 있습니다.

『돈의 본능』을 쓴 토니 로빈스와 피터 멀록은 대안투자에 대해 진정한 고수만이 할 수 있다고 말합니다. 금융 및 해당 상품에 대한 지식이나 통찰력이 동시에 필요하고 법적인 문제에도 밝아야 하죠. 결국 혼자 이 모든 것을 다 할 수는 없으니 팀 단위로 움직일 수밖에 없고 특히 복잡한 재무관리를 처리하고자 하는 의지와 능력을 갖춘 전문가의 도움이 필수입니다.

대안투자의 대안은 뭘까요? 저자들은 가장 안전한 투자 수단은 채권이 아닌 주식이라고 말합니다. 자신들이 수십 년 동안 투자 전문가를 하면서 그 누구도 내일의 주가를 예측할 수 없다는 결론을 내렸지만, 100% 확실한 것은 장기투자 시 주식시장은 반드시 우상향한다는 것이죠. 암호화폐의 변동성과 대안투자의 고난도를 생각한다면 역시 주식시장이 답이라는 걸까요?

'뮤직카우'는 아티스트의 저작권을 나눠 갖는 경매 사이트입니다. 저작권 공유 사이트라고 볼 수도 있겠죠. 예를 들어 가수 멜로망스의 인기곡 「선물」의 저작권은 이 곡을 만든 두 멤버(정동환·김민석)뿐 아니라 3,076명이 함께 보유하고 있습니다.

일단 뮤직카우는 음악 원저작자로부터 저작권료 수익을 받을 수 있는 권리인 '저작권료 참여 청구권'의 일부를 목돈을 주고 사들입니다. 미국의 부동산 프롭테크 업체 오픈도어Opendoor가 미리 부동산을 산 뒤 온라인을 이용해 비싼 중개수수료를 내지 않고 집을 파는 서비스와 비슷한 비즈니스 모델을 갖추고 있습니다. 뮤직카우는 이를 주식처럼 쪼갠 뒤(증권화) 경매에 올립니다. 매주 5~7개 곡이 경매에 부쳐집니다. 누구든 뮤직카우를 통해 이 저작권 지분에 투자할 수 있습니다. 구매자는 해당 곡에 대한 저작권료를 매달 배당받고, 다른 사람에게 팔아 시세 차익을 얻을 수도 있습니다.

서비스를 시작한 2018년 1만여 명에 불과하던 회원 수가 2021년 말 80여만 명으로 불어났습니다. MZ세대(밀레니얼+Z세대)는 재미를 추구하면서 자신이 좋아하는 아티스트의 삶의 질을 올리는 데 기여한다는 명분에 투자하는 것이죠. 누적 거래액도 2018년 10억 원에서 2021년 말 2,824억 원으로 급증했습니다. 현재 월간 거래액은 700억 원 수준이라고 합니다. 매출은 지난해 128억 원에서 2021년은 450억 원을 기록했습니다.

한국재무학회에서 발표된 논문에 따르면 배당수익률은 6.87%로 은행 이자율의 세 배가 넘고 시세 차익으로 수익을 얻는 경우 그 수익률은 28.1%였습니다. 배당 수익률과 시세 차익 수익률을 합치면 35.86%로, 금(11.09%)이나 국내 주식(10.18%), 해외 주식(5.45%), 달러(1.65%) 등을 크게 웃도는 것으로 나왔습니다.

물론 정식 금융으로 당국의 허가를 받은 상태는 아니며, 모든 투자 상품의 특성상 원금이 보장되지 않는다는 단점이 있습니다. 자본시장법에 따라 보호를 받는 투자계약증권이라는 결론입니다.

2023년에는 기업공개IPO를 하겠다고 선언했습니다. 증권사나 벤처캐피털에서는 뮤직카우의 기업가치를 최대 1조 원 수준(유니콘급)으로 평가하기도 합니다. 지금까지 총 340억 원의 투자를 받아 실탄도 든든한 편입니다.

이제 음악 저작권 선물하기 같은 서비스도 론칭할 예정이어서 커뮤니티가 더욱 활성화될 전망입니다. 우리나라에서도 스포티파이 같은 세계적인 음악 회사가 등장할 날이 멀지 않았습니다.

메타버스에서 펼쳐지는
콘서트의 뉴노멀

코로나 팬데믹 후 음악 산업은 직격탄을 맞았습니다. 사회적 거리두기 시행으로 콘서트를 할 수 없었습니다. BTS가 1년에 버는 돈의 3분의 1 이상이 콘서트 티켓에서 나옵니다. 우리나라 공연 시장은 연 1,800억 규모인데 코로나가 한창인 2020년에는 어떤 공연도 할 수가 없었습니다.

이런 상황에 세계적인 래퍼 트래비스 스콧Travis Scott은 2020년 세계 음악계 최초로 에픽게임즈의 히트작 포트나이트에서 랜선 콘서트를 열었습니다. 15분 동안 공연된 이 메타버스상의 콘서트는 발전된 3D 그래픽 기술을 이용해 하늘을 나는 장면, 우주 등을 멋지게 묘사했습니다. 동시 접속자 수가 1,230만 명이 넘었습니다. 신곡을 발표하기 전이라 홍보 효과도 톡톡히 누렸지요. 이처럼 코로나는 음악 산업이 메타버스와 만나는 것을 앞당겨 한 단계 더욱 진화하게 했습니다.

K팝의 꽃은 콘서트라는 말이 있습니다. 그전에는 오프라인이란 단어가 자연스럽게 따라붙었다면 코로나 이후에는 그 전제가 사라진 셈이죠. K팝 전문가인 성신여대 김정섭 교수는 "SM엔터테인먼트, 빅히트엔터테인먼트(지금 하이브) 등 대형 음악 기획사를 시작으로 속속 시도된 온라인 비접촉 콘서트는 대부분 성공을 거두면서 전염병 창궐기의 대안형 콘서트 포맷을 넘어 뉴노멀 시대의 대안 콘서트 포맷으로 성장했다."라는 평가를 내렸습니다. 2020년 6월에 있었던 방탄소년단의 '방방콘 더 라이브'에는 전세계 107개 지역에서 총 75만 명 이상이 공연을 감상했습니다. 런던의 웸블리 광장을 꽉 채우면 10만 명 정도 되는데, 그 몇 배가 온라인상에 모였지만 비용은 훨씬 더 저렴해 소속사 입장에서는 어마어마한 경제적 이득을 취할 수 있었지요. 위기가 기회가 된 셈입니다. 이런 노력 덕분에 2020년 빅히트의 매출은 2019년보다 38% 늘어난 7,963억 원을 기록했습니다.

K팝은 이번 기회에 랜선 콘서트 문화를 새로운 비즈니스 모델로 확실히 하기 위해 노력 중입니다. CJ ENM은 K팝 가수들이 옴니버스로 출연하는 'K-콘서트 2020 서머'를 개최해 1주일간 32팀의 공연을 온라인으로 중계했습니다. 이용료는 오프라인 때보다 훨씬 저렴해 소비자 입장에서도 반겼습니다.

기술적으로 이제 막 시작된 메타버스 콘서트는 눈부신 기술 발전 덕분에 계속 성장해 나갈 전망입니다. 관객들은 온라인 콘서트에서 각종 감정 이모티콘으로 '좋아요, 싫어요'를 표현할 수 있고, 비밀 대화 기능 같은 프라이버시 보호 기능과 화상통화 등의 대면성을 강화한 장치를 이용할 수 있습니다. 앞으로 실재감을 더욱 높이는 방식으로 업그레이드될 것으로 보입니다. 역시나 현장감은 기대에 못 미쳤다는 반응을 보였지만 실시간 댓글이 가능하다는 점은 기반 기술 발전 속도만 따라가 준다면 메타버스 콘서트가 미래의 문화 먹거리가 될 수 있음을 보여 주었습니다.

코로나가 종식된 후에도 메타버스 콘서트는 계속 성장하리라 생각합니다. 우리에게는 적응이 되고 나면 옛 시절로 돌아가고 싶지 않은 관성의 법칙이 있습니다. 코로나로 인해 거의 3년 가까이 실제 공연장이 아닌 온라인 공연을 즐긴 만큼 익숙해지지 않을까요?

5장

영화가 보여 주는
월 스트리트와
메타버스

메타버스와 NFT 등이 영화계에 미치는 영향을 살펴봅니다. 월 스트리트에서 통하는 '탐욕은 좋은 것이다.'를 잘 보여 주는 영화 「마진 콜」, 「빅 쇼트」, 「머니 네버 슬립」을 살펴보고 중국과 일본 등의 영화를 통해 이웃 경쟁자들이 어떤 길을 걸을지도 점쳐 봅니다. 메타버스와 가상현실을 잘 보여 주는 영화 「레디 플레이어 원」과 「프리 가이」로 메타버스와 영화가 만나는 미래를 구경합니다. 또한 대한민국을 빛낸 자랑스러운 작품 「오징어게임」과 넷플릭스의 관계를 투자자의 관점에서 해석해 봅니다. 메타플랫폼스(페이스북)는 과연 메타버스의 제왕이 될 수 있을지, 저커버그의 전기영화를 살펴보며 짐작해 봅니다. 마지막으로 메타버스의 기반 기술인 가상현실은 어디까지 와 있는지 「프리 가이」를 통해 점검해 봅니다.

영화계가 NFT에
열광하는 속사정

　영화는 음악이나 게임과 달리 호불호가 크게 갈리지 않는 분야로 대부분 영화를 즐겨 봅니다. 영화는 음악보다 10배, 미술보다 최소 1,000배 이상의 많은 인력과 돈이 들어가는 종합 예술이자 종합선물세트입니다. 우리는 누구나 미술을 공부해서 NFT 아트에 도전할 수는 있지만, 영화는 한 사람의 공부나 재능만으로 만들 수 있는 게 아닙니다. 수많은 장비와 배우는 물론, 여러 분야의 전문가들이 필요하죠.

　영화의 또 한 가지 특징은 희소성이 통하지 않는다는 점입니다. 영화의 필름은 미국 할리우드에서나 한국의 극장에서 상영되는 복제본이나 화질은 똑같습니다. NFT 도장을 찍었다고 그 영화를 보러 LA까지 비행기를 타고 극장에 갈 사람은 아무도 없습니다. 게다가 넷플릭스를 떠올리면 원본과 복제본 개념조차 더 이상 존재하지 않습니다. 넷플릭스는 국경조차 없습니다. 따라서 미술품처럼 경매 시장에서 사고팔 성질의 고급 물건이 나올 곳이 절대 아니라는 이야기입니다.

마지막으로 영화가 가진 특성은 시간의 예술이라는 점입니다. 공들여서 찍는 시간만이 러닝 타임으로 계산되는 게 아니라 관람한 사람들의 모든 시간까지 포함해서 영화의 가치가 매겨진다고 생각합니다. 100명이 본 영화보다 100만 명이 본 영화는 적어도 1만 배 이상의 시간이 가치로 환산됩니다.

이런 점에서 영화는 NFT가 도입될 때 장점도 있고 단점도 있습니다. 가장 큰 단점은 영화 자체가 많이 볼수록 가치가 올라가는 상품이기에 희소성이란 가치가 만들어낸 NFT와 궁합이 맞지 않습니다.

천재성을 지닌 영화 감독 쿠엔틴 타란티노는 「펄프 픽션」의 미공개 영상을 NFT 도장을 찍어서 판매한다고 했습니다. 과거 DVD가 대중화될 때는 미공개 영상 부록이 들어 있었는데, 아무리 NFT 세상이라고 해도 미공개 영상을 소유하기 위해 많은 돈을 지불할 사람이 있을까요? 영화는 대중의 엔터테인먼트일 뿐 돈 많은 사람들이 꼭 구입해야 할 정도로 희소성을 가진 것은 아닙니다. 타란티노는 손으로 쓴 대본을 디지털 파일로 변환해 이 역시 NFT로 발행하겠다고 선언했는데, 유명인의 육필 원고 경매는 사실 새로울 게 없죠. 영화팬으로서 타란티노의 육필 원고 실물을 가질지, 디지털 파일을 가질지는 물어보나 마나입니다.

영화는 영화답게 NFT를 받아들여야 합니다. 영화는 꾸준히 NFT 블록체인과의 접점을 찾고 있습니다. 올해 1월에 열렸던 제3회 블록체인 영화제는 그런 면에서 많은 관심을 받았습니다. 블록체인을 다룬 영화도 소개되고 관계자들의 포럼도 열렸죠.

그런데 NFT가 영화에 어울리는 장점도 있습니다. 영화의 수많은 장면을 바탕으로 NFT라는 파생상품을 만들 수 있는 무궁무진한 소재가 될 수 있지요. 한국 영화 「특송」의 영화 속 캐릭터들과 자동차, 총, 비행기 등 다양한 아이템을 담은 디지털 아트를 NFT로 발행해 1초 만에 완판됐습니다. 이는 장점이자 단점도 됩니다. 자체 플랫폼이 있어 아이템을 거래할 수 있는 게임과 달리 영화는 극장 공개가 끝나는 시점에 홍보도 끝나서 더 이상 플랫폼이 온라인상에서 운영되기 어렵다는 것입니다. 갑자기 재유행되거나 5만 원짜리 아이템이 5천만 원으로 상승할 가능성이 별로 없다는 것이죠. 영화 흥행 성적에 따라 일시적으로 유행하는 상품이 될 가능성이 더 큽니다.

20세기 문화 산업의 꽃이었고, 게임이라는 강력한 경쟁자를 만났지만 여전히 대중성과 영향력에서 다른 매체들을 압도하고 있는 영화에 NFT는 그저 오아시스의 신기루 같은 존재일까요? 꼭 그렇지는 않을 것 같습니다. 예를 들면 영화의 엔딩 선택권을

NFT로 만들어서 경매에 붙일 수도 있습니다. 영화도 만들어진 대로 보는 게 아니라 내가 좋아하는 대로 볼 권리를 적어도 돈 많은 사람들에게 주자는 것입니다. 주인공의 옷이나 외모 등을 교체해서 볼 수 있는 게임적 요소를 NFT로 만들어 경매에 부치는 것도 한 방법입니다. 현재는 4,000개의 다른 버전으로 영화를 즐길 수 있도록 특별히 제작되는 영화도 나오는 상황입니다. NFT로 만들어진 비인간 배우가 주연을 맡는 날도 올 것 같습니다.

게임이 스토리 캐릭터 등에서 철저하게 영화를 베꼈듯이 영화도 게임의 인터랙티브 자유도를 도입해 이를 고가의 돈을 지불하고 즐길 수 있는 준비된 고객들을 위해 NFT화시켜 발행하면 어떨까 하는 상상을 해 봅니다. 그리고 NFT화한 영화를 크라우드 펀딩과 연결시켜 대자본으로부터 자유로운 작가 정신이 담긴 독립영화를 찍을 기회도 있습니다.

영화는 NFT와 별도로 그 자체로 좋은 투자 공부 교재입니다. 우선 돈을 다룬 영화가 많고 등장인물들의 돈에 대한 태도를 보면서 배울 수 있는 점도 많습니다. 그리고 영화 특성상 미래를 자주 다루기에 미래에 대한 통찰력과 상상력을 키우는 데 영화만큼 좋은 매체는 없습니다.

마지막으로 영화는 결국 가상현실과 혼합돼 거대한 메타버스 시장의 중심축으로 진화할 것입니다. 이 책에서 돈에 대한 태도,

돈 버는 방법, 메타버스라는 세 가지 관점에서 영화를 다루는 것도 위와 같은 이유 때문입니다. 그러면 본격적으로 영화로 풀어가는 돈 이야기를 해 볼까요?

사람은 자기가 버는 돈만큼
세상을 본다

『나의 문화유산답사기』로 유명한 유홍준 전 문화재청장은 "아
는 만큼 보인다."라고 말했죠. 돈의 세계에서도 "버는 만큼 세상
이 보인다."라고 말하고 싶습니다.

2011년 제작돼 2013년 한국에서 개봉된 영화 「마진 콜: 24
시간 조작된 진실」은 부자들이 세상을 바라보는 방식이 다르다
는 것을 보여 주었습니다. 케빈 스페이시, 제레미 아이언스, 데
미 무어 등 자타가 공인하는 명배우에 드라마 「멘탈리스트」의 주
인공 사이먼 베이커가 나오는 호화 출연진을 자랑하는 이 영화는
2008년과 2009년 사이, 전 세계를 강타한 미국의 금융 위기때
금융사가 자행했던 모럴 해저드의 끝을 보여 줍니다.
  영화는 어느 날 갑자기 해고 통보를 받는 금융회사의 리스크 관

리 팀장의 이야기로 시작합니다. 미국은 해고가 비교적 자유로운 곳이죠. 특히 월 스트리트는 해고가 너무 쉽습니다. 20년간 일했던 회사에서 당일 해고 통보를 받으면 곧바로 짐을 싸서 나가야 합니다. 그리고 해고된 사람과 상관없이 남아 있는 직원들은 묵묵히 할 일을 계속하죠. 마치 얼룩말 한 마리가 사자에게 잡아먹히는 도중에도 다른 얼룩말들은 여유롭게 풀을 뜯어 먹는 사파리의 모습 같습니다. 팀장은 회사에 아주 중대한 위험이 있다며 USB 파일을 후배에게 전해 줍니다. 그러면서 꼭 회사 상부에 보고해 달라고 부탁하죠.

영화는 2008년 금융 위기와 1998년도에 있었던 롱텀 캐피털 매니지먼트LTCM의 파산을 합쳐서 하나의 사건으로 재구성했습니다. 노벨상 수상자들이 참여한 LTCM은 리스크 관리를 잘못해 당시 러시아가 디폴트를 선언할 확률은 거의 0에 수렴한다는 자체 계산을 통해 자산을 러시아 채권 등에 투자하죠. 그러나 금융 세계에서는 언제든 '블랙 스완(Black swan, 도저히 일어나지 않을 것 같은 일이 실제로 일어나는 현상)'이 일어날 수 있습니다. 러시아가 부채를 못 갚겠다고 선언하자 노벨상을 받은 수학 천재들이 만든 최고의 헤지펀드는 잘못된 리스크 계산으로 파산하고 맙니다.

회사에서 파일을 넘겨받은 후배는 공대 출신으로 수학과 확률 계산에 능했죠. 그는 회사가 감당할 수준 이상으로 리스크를 안고 있다는 사실을 간파하고 회사 상부에 보고합니다. 팀장, 부사장,

사장, 회장으로 보고가 올라가고 각각의 인물이 등장하면서 이들은 두 가지 모습을 보여 줍니다.

그들이 보는 세상은 돈 만큼 열려 있다는 사실입니다. 25만 달러(약 3억 원) 연봉을 받는 현직 젊은 대졸 신입 사원은 관심사가 자동차입니다. 비싼 외제차를 몰면서 친구보다 좀 더 유복한 자신, 그러나 스트레스는 그만큼 더 많이 받는 자신의 직업에 대해서 고충을 털어놓습니다. 그러면서 100만 달러를 받는 팀장을 부러워합니다.

팀장의 세계는 늘씬한 미녀들과 유흥이 보장된 세계입니다. 수백만 달러를 버는 팀장(케빈 스페이시)은 관심사가 집입니다. 아내와 이혼한 후 호화로운 고급주택에서 동네의 유지로서 영향력을 행사합니다. 그는 해고된 사람들을 위로하기는커녕 남아 있는 직원들에게 "저들은 패배자야. 승자인 우리는 열심히 해서 돈을 더 벌자."라고 말합니다. 그러나 그는 승자가 아니었지요. 이혼 후의 삶은 극도의 외로움과 과중한 업무 스트레스만 남아 있을 뿐이었습니다.

회장(제레미 아이언스)은 수천만 달러를 버는 사람입니다. 그는 내가 이 자리까지 어떻게 올라올 수 있었는지 아느냐며 스페이시에게 회사가 가지고 있는 악성 자산(서브프라임 모기지론)을 내일장이 열리면 무조건 팔아 치우라고 명령합니다. 스페이시는 그것만큼은 못 하겠다고 버티지만 결국은 하게 됩니다. 제레미 아이언스는 이런 심정이었을 겁니다. '어차피 월 스트리트의 탐욕은 망할 순간이 왔다. 왜 나만 망해야 하는가? 어차피 나는 환경미화원에게 쓰레기를 팔아서 이 돈을 벌어왔다. 이번에도 똑같은 거래일 뿐이다. 어디 모럴 해저드가 나만의 문제인가?'

그에게는 월 스트리트 전체가 보였고 월 스트리트는 쓰레기를 환경미화원에게 파는 도덕불감증이 넘치는 모럴 해저드의 온실이었던 거죠.

2008년 금융 위기 이후 할리우드 영화는 월가를 부정적인 시각으로 바라보며 월가 종사자들의 탐욕을 자본주의를 망친 장본인으로 묘사하는 경향이 있었습니다. 호화 출연진을 자랑하는 이 영화도 그 연장선상에 있죠. 영화를 보고 나면 월 스트리트의 비도덕성과 인간의 탐욕과 그 대가를 치르는 인간의 불행에 분노와 연민을 동시에 느끼게 됩니다. 하지만 금융 위기 이후 월 스트리트는 분명 달라졌습니다.

ESG(기업의 비재무적 요소인 환경·사회·지배구조를 뜻하는 말) 경영을 먼저 내걸고 기업의 도덕성과 친환경 지수를 따지기 시작한 곳도 바로 월 스트리트입니다. 자본주의가 탐욕을 조금 줄이고 사회적 연대감을 조금씩 늘린 결과, 2009년부터 2021년까지 미국 증시는 계속해서 우상향하면서 투자자를 기쁘게 해왔습니다.

그러나 인간의 탐욕은 언제든 다시 월 스트리트를 덮칠 수 있습니다. 그때는 전 세계 자본주의의 종말을 고하는 디스토피아가 될 수 있음을 모두가 알고 있을 듯합니다.

탐욕은
좋은 것이다

　올리버 스톤 감독의 「월 스트리트: 머니 네버 슬립스」는 월 스트리트 생리를 묘사한 80년대 영화입니다. 피도 눈물도 없이 오직 돈 앞에서 냉정하게 승부했던 고든 게코(마이클 더글라스) 주인공의 영향으로 그 당시 증권사 입사를 선호하기도 하고 이 영화를 인생 영화로 선정한 증권맨들도 많았습니다. 당시 월 스트리트와 한국의 증시는 규모와 움직임의 방향성 등에서 많이 달랐지만, "탐욕은 좋은 것이다!"라고 외치는 고든 게코의 대사에 많은 증권맨들이 공감을 했죠.

　1980년대 우리나라 증시는 역대 최고의 호황이었고 1997년 IMF 외환 위기가 끝난 뒤 벤처 붐과 함께 두 번째 호황을 맞았는데 그 사이에 주가가 떨어지거나 박스권에서 길게 횡보할 때 많은 증권맨들이 이 영화를 다시 보거나 환기하면서 증시가 좋아지기를 학수고대했습니다.

'머니 네버 슬립스'는 돈을 대하는 세 가지 태도를 세 인물을 통해 보여 줍니다. 주인공 고든 게코는 주가 조작과 내부자 거래로 12년간 감옥 생활을 한 뒤 출소합니다. 감옥에서 나오던 날 그에게 유일하게 남은 가족인 딸 위니의 모습이 보이지 않습니다. 돈만 밝히며 불륜을 저질렀던 아버지를 용서하지 못했기 때문이죠.

10년이 넘는 기간 동안 돈밖에 모르던 게코는 돈에 대한 마인드가 달라졌을까요? 그는 재산이 미국 법무부에 탈탈 털릴 때 재산의 일부(1억 달러)를 스위스 은행에 은닉해 놓고 딸을 수신자로 신탁합니다(딸이 25세 이후 인출이 가능함). 그는 출소 후 새로운 비즈니스 모델로 출판을 통한 인세와 강연 수입을 선택합니다. 하지만 인세로 큰돈을 벌지는 못하죠. 그는 책에서 월 스트리트의 탐욕을 비판하며 머지않아 대공황이 올 거라고 호언장담합니다. 그러나 속으로는 어떻게든 화려하게 월 스트리트로 복귀하고 싶은 마음뿐입니다.

딸은 아버지와 달리 진보주의자로 돈에 무관심합니다. 그녀는 자기 앞으로 스위스 은행에 비자금이 있음을 알면서도 거의 신경쓰지 않습니다. 돈을 좇으면 결국은 그 돈의 주인이 아니라 돈의 노예가 된다는 것을 알기 때문입니다. 돈 대신 사랑을 선택한 그녀는 남자친구인 제이콥(샤이아 라보프)의 아이를 임신한 뒤 행복한 가정생활만을 바라며 끝까지 돈에 대해 무관심으로 일관합니다.

이 두 사람의 극단적인 돈에 대한 철학 사이에 제이콥이 있습니다. 그는 머리로는 진보인 척하지만, 행동으로는 수익을 추구하는 유형입니다. 월 스트리트에서 근무하며 돈을 추구하되 영혼을 돈에 바치지는 않겠다는 결심을 하죠. 그는 지구의 환경 문제를 심각하게 고민하며 태양광 업체 기업의 기술력에 투자자들의 자본을 연결시켜 저탄소 녹색성장을 실현하는 착한 자본주의를 실천하고자 합니다. 그에게 돈은 목적이 아니라 수단입니다.

물론 게코도 돈이 목적은 아니었습니다. 게코 스스로 말했듯이 돈이 목적이 아니라 돈은 게임이며 그 게임에서는 이기는 것 외에는 규칙이 없다는 신조가 있었습니다. 하지만 이는 복잡해 보여도 결국 돈이 목적이라는 뜻이죠. 그래서 그는 딸 앞으로 숨겨 둔 비자금을 사위가 투자하려는 친환경에너지 회사에 투자하는 척하다가 돈을 빼돌려 영국으로 건너가 화려하게 재기합니다. 돈 때문에 딸과 사위를 속인 그는 베니스의 상인에 나오는 샤일록 이래 가장 속물적이고도 비열한 모습을 보입니다.

돈이 전부라는 시각, 돈은 그저 돈에 불과하다는 무관심적인 시각, 돈은 그 자체로 선하지도 않고 악하지도 않은 수단일 뿐이라는 세 가지 시각은 결국 하나로 수렴됩니다. 마지막에 마이클 더글러스가 마음을 바꿔 사위가 관리하는 회사에 익명 투자를 한 뒤 손자와 딸을 위해 할아버지, 아버지가 될 기회를 달라고 딸에게 간청하는 것으로 영화는 막을 내립니다.

그런데 2021년 재미있는 조사가 발표된 바 있습니다. 미국인들이 가장 소중히 여기는 가치 1위가 가족인 반면, 가족의 나라인 우리나라에서는 1위가 돈, 2위가 가족이었습니다. 이는 우리 사회가 그동안 얼마나 물질주의로 변했는지 잘 알려주는 지표입니다.

한편, 자본주의의 주종국인 미국에서 이런 조사 결과가 나온 것은 돈에 대한 가족의 승리라는 2021년 미국인들의 시각이 드러나는 부분입니다. 당시 할리우드 영화의 내용 상당수가 서브프라임 모기지론과 연결된 월가의 부패와 탐욕을 그렸는데요. 이에 대해 미국인들이 '월가를 점령하라'는 시위를 벌이던 시점이라 돈과 가족에 대한 우선순위가 바뀐 건 당연해 보입니다.

올리버 스톤 감독의 통찰력이 대단한 것은 이를 이미 10년 전에 영화로 예언했다는 사실이죠. 지금은 월 스트리트에서 골드만삭스를 꺾고 넘버원 투자은행으로 등극한 블랙락의 래리 핑크 회장이 최초로 ESG 경영을 내걸 정도로 '월 스트리트=탐욕'이라는 공식이 조금씩 와해되는 분위기입니다.

영화의 처음은 돈이라는 건 한푼이라도 더 벌기 위해 잠을 자지 않고 희생하는 대상처럼 보이지만, 영화의 결론이자 감독의 메시지는 돈은 능력을 제공해 가족이나 환경 같은 좋은 가치를 위해 살기 위한 수단이라는 점입니다. 그런 점에서 이 영화는 달라진 월 스트리트와 이전의 월 스트리트의 심리를 한 영화에서 동시에 보고 싶은 분들에게 추천합니다.

　이 영화를 투자자의 관점에서 본다면, 투자에는 확신이 무엇보다 필요하고 그 확신이 다른 사람들 눈에도 보여야 한다는 사실을 알려 줍니다. 세일가스가 주목받던 2009년에 그는 앞으로 태양에너지가 뜰 것이라고 100% 확신하고 투자자, 특히 중국인 투자자들에게 자신이 미는 회사에 투자하도록 설득하는 과정에서 투자자는 논리가 아닌 그의 눈에 비친 강한 확신에서 마음을 움직였습니다. 일반 개미 투자자도 마찬가지입니다. 자신이 투자한 기업의 미래에 대해 확신이 있어야 한다는 사실을 덤으로 깨달을 수 있습니다.

시장과 반대로 가면
때로는 큰돈을 벌 수 있다

애덤 맥케이 감독은 골수 민주당 지지자입니다. 그의 신작 「돈
룩 업」은 2021년 말 국내 극장 개봉과 동시에 넷플릭스에도 개봉
되었습니다. 소행성이 지구와 충돌해서 인류가 망하려는 순간에
도 미국은 이것이 비과학적이라며 하늘을 올려다보지 말라고 주
장하는 세력(공화당)과 과학자의 목소리를 들어야 한다며 하늘을
보라는 룩업(민주당 지지자)파로 양분됩니다. 미국이 얼마나 분열된
사회인지를 코믹하게 보여 줍니다.

그의 다른 작품인 조지 부시(아들) 대통령 때 실세 부통령을 했
던 펜스 전 부통령의 전기 영화 「바이스」나 2015년 작품으로 월
스트리트의 탐욕을 유머러스하게 비꼰, 지금 다룰 영화 「빅 쇼트」
까지 그의 메시지는 소위 가진 자들과 이들을 일방적으로 대변하
는 공화당에 대한 신랄한 비판으로 일관합니다.

영화 「빅 쇼트」는 논픽션 작가이면서 경제경영 분야 인기 작가인 마이클 루이스의 원작을 바탕으로 영화와 다큐 형식을 섞어 2008년 금융 위기를 통렬히 비판합니다. 실제 인물들을 바탕으로 서브프라임 모기지론이 왜 발생했고, 무엇이 문제였는지를 논리적으로 지적하는 작품입니다. 노벨 경제학상 수상자인 행동경제학자 리처드 탈러 등 유명인들이 잠깐 출연해 영화를 더욱더 다큐처럼 느껴지게 합니다. 등장인물로는 브래드 피트, 크리스찬 베일, 스티브 카렐, 라이언 고슬링 등 명배우 4명이 조연으로 나옵니다.

이 중에서 가장 인상적인 캐릭터는 크리스찬 베일이 맡은 유명 투자자 마이클 버리죠. 마이클 버리는 신경외과 의사 출신 헤지펀드 투자자입니다. 개인적으로 투자하면서 미국 개미들(지금은 '로빈후드')을 위한 블로그를 써서 유명해졌는데, 그의 성공기는 우리나라의 의사 출신 투자자 박경철 시골의사를 떠올리게 합니다. 박경철 의사가 보수에 비판적이며 진보적인 목소리를 내는 것처럼 마이클 버리도 월 스트리트의 주류 문화에 비판적인 글을 쓰면서 주목을 받았습니다. 그는 영화에서 서브프라임 모기지론으로 대폭락을 예상하고 시장과 반대로(즉, 강한 주식시장 상승기에 한방으로 베팅하는) 대형 금융사 주식 공매도와 풋 옵션 매수로 큰돈을 법니다. 영화에서는 남들이 다 버블에 흥청망청할 때 혼자 비관론자가 되어 시장과 반대로 간다고 비웃음을 받는 장면이 나오죠. 그는 스트레스를 극복하려고 메탈리카 같은 가장 시끄러운 메탈 음악을 들으며 계속 시장과 반대의 포지션을 들고 버팁니다.

결국 마이클 버리의 예측은 옳았습니다. 안전하다고 생각했던 서브프라임 모기지론은 부실덩어리로 전락했고, 집값을 못 갚은 사람들이 집을 빼앗기고, 상환 불가능한 채권을 갖고 있던 금융회사들은 부실 채권 때문에 파산 지경에 이르는 대공황 이후 최악의 위기를 겪습니다.

시장과 반대로 가는 역발상 투자는 영국의 전설적인 투자자 존 템플턴John Templeton 경 때문에 유명해졌죠. 그는 대중이 시장에 대해 최고로 비판적일 때가 매수의 기회이고, 최고로 낙관적일 때가 매도의 기회라는 역발상 투자의 창시자였습니다. 그는 자신의 철학이 언제나 옳다는 것을 투자 실적으로 증명하면서 '이번 시장은 다르다'라는 말이 가장 비싼 거짓말이고 시장은 언제나 비슷하게 과거를 재현한다고 말했습니다.

그런데 마이클 버리가 서브프라임 모기지론 사태 때 반대로 베팅해서 큰돈을 만진 건 사실이지만, 2021년에는 테슬라의 주가가 버블이라며 공매도에 가담했다가 테슬라 주식이 크게 오르면서 큰 손해를 보고 자신의 발언 '테슬라는 거품이다'를 철회한 일이 있습니다.

시장과 반대로 가는 전략은 양날의 검입니다. 큰돈을 벌 수도 있고 큰돈을 잃을 수도 있죠. 자신이 시장을 정말 잘 알고 미래를 자신 있게 예측할 수 있는 고수가 아니라면 시장과 반대로 가기가 쉽지 않습니다. 고수가 아닌 평범한 개미들은 시장을 예측해서 반대로 가거나 시장의 변동성에 레버리지로 맞서는 것보다는 시장의 변화에 빠르게 대응력을 키우는 것이 필요하다는 사실을 마이클 버리를 통해 깨달을 수 있습니다.

1989년
일본 거품 경제의 붕괴

『달러의 부활』을 쓴 전 미국 연준 의장 폴 볼커Paul Adolph Volcker 는 카터 민주당 정부 때 임명돼 1980년대 레이건 정부 시절까지 8년의 임기를 채웠습니다. 그는 지금의 연방준비제도이사회 의 장 제롬 파월처럼 인플레이션 때문에 고민하던 미국 정부를 위해 금리를 무려 16.5%로 4% 포인트나 인상시켰습니다. 시중의 돈을 저축하게 만들어 인플레이션을 잠재우려는 시도였습니다. 그렇게 높은 금리를 받을 수 있는데 누가 주식 투자나 비트코인에 투자할 까요?

미국은 이렇게 인플레이션을 이겨냈고 달러는 다시 세계를 제 패했습니다. 1980년대 레이건 정부 때의 일이죠. 트럼프가 레 이건의 부활을 외치며 '다시 미국을 위대하게'라고 외친 이유는 1980년대 미국의 공화당 정부가 소련의 군사적 도전과 일본의 경제적 도전을 막아내면서 진정한 팍스 아메리카나를 실현했기 때문입니다.

1980년대 미국은 일본을 적수로 생각해 아주 위험하게 보았습니다. 표면적으로는 미일 동맹으로 소련이라는 적과 맞서 싸우는 우방 중의 우방이었지만, 미국이 언젠가는 일본의 경제 식민지가 될 것이라는 공포를 느낄 만큼 일본은 잘나갔습니다.

그런 일본의 급성장에 제동을 건 일은 1985년 미국 뉴욕의 플라자 호텔에서 주요 선진국 재무부 장관들이 도출해낸 '플라자 합의'입니다. 대일 무역 적자 때문에 나라 경제가 휘청이던 미국은 달러를 약세로 전환시키고 대신 엔화를 초강세로 전환시켜 일본의 대미 수출을 줄이고자 했습니다.

이때 폴 볼커의 고백을 보면 이 플라자 합의에 관한 놀라운 사실이 밝혀집니다. 엔화 강세를 원했던 것이 당시 일본 재무부 장관이며 나중에 수상이 된 다케시타 노보루였다는 것이죠. 물론 노보루만의 생각이 아니라 당시 수상인 나카소네 야스히로와 합의한 사항이지만 미국이 아닌 일본이 먼저 원했다는 것은 『달러의 부활』을 공동으로 쓴 당시 플라자 합의 일본 측 실무 책임자 교텐 토요요의 증언으로도 증명됩니다.

일본 측에서 엔화 강세를 원했던 이유는 세 가지 때문이었습니다. 수입 물가가 낮아지고, 그에 따라 소비자들의 만족이 높아지며(이는 자민당의 표로 이어질 것이며), 해외 투자 기회가 늘어남으로써 결과적으로 기업의 경쟁력 강화에도 긍정적으로 작용할 것이라는 이유였습니다. 일본은 스스로 성취한 결과에 도취되어 눈에 보이는 것만 보려 했습니다. 수출업체들의 가격 경쟁력이 떨어지고 죽는 소리를 해도 겉으로는 표출하지 않아 일본 사회는 버블에 그만 흠뻑 빠졌습니다. 1985년부터 4년 동안 정신없이 흥청망청 미친 듯이 소비하다 1989년 버블이 터지면서 일본은 지금까지도 이어지는 초장기 불황을 겪고 있는 것입니다.

2007년 제작된 일본의 SF 코미디 영화 「버블로 고 타임머신은 드럼 방식」은 일본이 그 시절을 얼마나 그리워하는지 잘 보여 주는 작품입니다. 가깝지만 먼 나라, 일본을 알아야 하는 우리로서는 일본의 집단 심리를 이해할 수 있는 좋은 기회를 제공해 주는 영화입니다.

2007년에 일본의 대표적인 가전업체 '히다치'가 타임머신을 개발합니다. 일본 재무성에서는 이 타임머신을 이용해 특별한 미션을 수행하려고 하죠. 바로 1989년 버블이 터지기 직전으로 돌아가 당시 버블 붕괴의 원인이었던 금리 인상을 막고 새로운 역사를 쓰려고 시도합니다. 그리고 미션에 성공해서 일본은 버블이 꺼지지 않은 채 새로운 미래를 맞습니다.

저는 이 영화를 보고 나서 이런 궁금증이 들었습니다. 영화처럼 실제 버블이 터지지 않았다면 그 버블은 계속 갈 수 있었을까?

버블인지 아닌지 그 당시에는 아무도 모르죠. 버블이 꺼지고 나서야, 즉 썰물이 되어서야 누가 해수욕장에서 팬츠를 안 입고 수영했는지 알 수 있다는 거죠. 그러나 세상 어떤 경제 상황에서도 실적이 뒷받침되지 않는데 높은 가격이 장시간 유지되는 일은 없습니다.

1980년대 일본은 세계 10대 기업 중에 8개를 차지했고, 도쿄의 땅을 팔면 미국 캘리포니아 전체를 사들일 수 있을 만큼 땅값이 비쌌지만, 이 상태로 오래갈 수는 없었죠. 그러기 위해서는 지금 미국의 실리콘밸리 빅테크처럼 끝없이 성장하는 혁신이 계속 일어나야 합니다. 당시 일본에는 세계 최강 소니를 비롯해 파나소닉, 히다치, 캐논, NEC, 산요 그리고 비메모리의 꽃인 D램을 세계 최초로 개발한 도시바 같은 쟁쟁한 업체들이 있었습니다. 그런데 지금 미국은커녕 한국이나 중국 기업에도 밀리는 상황입니다.

일본의 경쟁력은 왜 이렇게 떨어지게 되었을까요? 일본은 특유의 근면함과 섬세함으로 세계 2위까지 올라갔지만 그것이 한계였습니다. MS의 윈도우나 애플의 스마트폰, IBM PC 같은 세계적인 표준을 만들어내지 못했습니다. 한때 소니가 워크맨이나 플레이스테이션 같은 게임기로 세계를 뒤흔든 적이 있지만, 그 혁신도 1990년대 버블이 붕괴되면서 서서히 소멸했습니다. 저는 일본이 IT에서 경쟁력을 잃은 결정적 이유가 인터넷을 너무 과소평가했기 때문이 아닐까 싶습니다. 일본은 미래를 내다보고 인터넷에 과

감히 투자할 수 있는 손정의라는 인적 자원이 있었지만 그를 도와주는 시스템이 없었습니다. 그 결과 손정의 회장 이후의 인터넷 스타를 전혀 배출하지 못하고 있습니다.

일본은 여전히 지금도 현금을 많이 쓰고 있으며, 회사에서는 도장 결재가 필수인 나라입니다. 19세기 아시아의 어느 나라보다 빠르게 근대화와 산업화를 추구했던 일본이 20세기 말에 들어서는 어느 순간부터 느려지기 시작했죠. 물론 가장 근본적인 이유는 세계에서 고령화 사회로 가장 먼저 진입했기 때문이겠지만, 일본의 국립대 출신들이 관료제 사회를 만들어 완전히 장악하고 규제라는 방망이를 수시로 쓰는 바람에 일본 기업이 혁신보다는 안주를, 때로는 정경유착을 택하게 된 것도 한 이유입니다. 또한 미국의 실리콘밸리 같은 벤처 생태계를 키우지 못했던 것(소프트뱅크의 손정의 회장이 나스닥 재팬을 만들어 일본에서도 벤처 생태계를 구축하려 했지만 결국 실패했다)도 한 이유입니다.

「레디 플레이어 원」,
메타버스는 멀지 않았다

영화 「레디 플레이어 원」은 메타버스가 유행하기 전부터 메타버스를 지향했습니다. 영화 자체가 메타버스죠. 메타버스는 현실과 가상공간이 구분이 안 되는 초현실을 뜻합니다.

영화가 문화 장르에서 대중문화의 넘버원으로 올라선 시기는 1930년대 할리우드의 전성기였습니다. 당시 대공황의 상황에서 궁핍한 삶을 살던 사람들은 현실을 잊고 가상세계에 몰입하고 싶어 했습니다. 그 당시를 배경으로 한, 우디 앨런의 영화 「카이로의 붉은 장미(1985)」를 보면 지옥 같은 현실 속에서 여자 주인공은 영화를 반복해서 보면서 슬픔을 잊습니다. 영화 속 주인공이 그녀 눈앞에 직접 튀어나와 벌어지는 코미디를 슬프게 그린 영화입니다.

대개는 영화 속 가상현실이 기술적으로 불완전한 편이지만, 우리가 만날 메타버스를 완벽하게 보여준 작품이 하나 있습니다. 바로 완벽한 가상공간이 실현된 근 미래(2045년)를 배경으로 한 「레디 플레이어 원」입니다. 거장 스티븐 스필버그의 2018년 작품으로 영화 속에 등장하는 가상현실 게임 '오아시스'는 메타버스의 이데아 같은 존재입니다.

영화는 가상현실이 실제 현실처럼 구현되면 '인간은 현실 대신 가상현실을 택할까?'라는 철학적이면서도 중요한 질문거리를 던집니다. 암울한 현실을 도피할 수만 있다면 사람은 현실 대신 가상현실을 택할까요? 19세기 청나라가 무너지면서 반식민지에 접어들며 아편으로 현실을 잊으려 했던 수많은 중국인처럼 그런 일이 일어날까요? 그걸 또 국가에서 허용할까요? 우리나라를 보면 국민소득이 2만 달러에서 3만 달러로 진입하는 데 12년이 걸렸습니다. 그렇다면 국민의 삶이 12년 사이에 1.5배가 뛰었을까요? 1.5배 더 행복해졌을까요?

이 질문에서 '예'라고 대답할 사람은 거의 없을 겁니다. 현실에서 느끼는 고통은 양극화로 더 심화되고 있습니다. 넷플릭스 시리즈물 「오징어 게임」처럼 사람들은 목숨 걸고 돈을 벌려고 노력하지만, 세상은 최종 승자에게 돌아가는 몫만 한없이 키워 줄 뿐, 보통 사람의 행복은 늘려주지 못합니다. 따라서 사람들은 가상현실로의 도피를 희망하기도 하죠. 456명 중 한 명만이 최종 승자가 되어 모든 것을 차지하는 세상처럼 극단적인 빈익빈 부익부 상황은 이미 도래했고 선거나 정치로도 바꿀 수 없습니다. 많은 사람이 부동산이나 주식, 비트코인 등으로 투자에 뛰어들고 있지만, 승자독식 체제는 갈수록 심화되면서 사람들은 현실이 아닌 메타버스 속의 아바타만이라도 행복을 느끼고자 기꺼이 돈을 지불하면서 가상현실로 점프를 시도하고자 할 것입니다. 그래야 현실의 나도 행복해지니까요.

영화를 투자적 관점에서 읽을 때 한 가지 더 관심을 가져야 할 사항이 있습니다. 기술적으로 현실과 전혀 다르지 않은 영화 속 가상현실 기술은 언제쯤 등장할까? 낙관론과 비관론이 맞서고 있습니다. '반도체 넥스트 시나리오'의 저자이며 공학 유튜버로 유명한 권순용은 쉽지 않다고 지적합니다. 결국은 반도체가 문제인데 현재는 램의 용량이 16기가에서 용량이 1만 6,000기가까지 가야 한다고 합니다. 지금보다 1,000배는 늘어나야 하는데 쉽지 않은 일이죠.

그럼에도 저는 가상현실의 발전 가능성에 낙관적입니다. 시각과 청각은 지원이 가능한 수준입니다. 문제는 촉각과 후각, 미각 등의 다른 감각들입니다. 아직은 연구 중인 수준으로 완전한 현실감을 느끼기에는 부족하죠. 그중에서 촉각이 가장 중요한데, 싱가포르 국립대 연구소는 인간의 신경계보다 1,000배 빠른 전기신경계를 도입한 장비를 개발했다고 보도했습니다. 후각 연구와 미각 연구는 일본의 벤처 업체들이 특허권을 갖고 있습니다. 이러한 기술은 아직 완성되지는 않았지만 사실 이보다 중요한 것은 360도로 회전하는 특수 카메라가 나와야 합니다. 지금은 인간의 눈처럼 정교한 카메라는 아직 만들어지지 못했습니다. 지금의 헤드셋으로는 분명 완벽한 가상현실을 느끼기에는 한계가 있습니다. 대안은 스마트 글래스 즉, 안경입니다. 현재는 안경에 미세한 구멍을 뚫어서 눈앞에 가상현실 디스플레이를 띄우는 수준까지 진화했습니다. 하지만 2045년까지는 충분히 어쩌면 그 전에 시각, 청각, 미각, 후각, 촉각 등 인간의 감각을 완전히 메타버스에서 현실처럼 느낄 수 있는 세상이 올 것 같습니다.

메타버스는 기술만 발전시키는 것이 아니라 스토피텔러로 인문계 전공자들에게도 기회를 줄 것입니다. 가상현실 속 프로그래밍된 세계와 참여자들의 자유의지를 결합시켜 수시로 가상세계를 만들어내는 데는 인간과 AI가 협력하는 스토리와 세계관이 필요합니다. BTS의 세계관을 만들던 사람이 독립해서 메타버스 기업을 차리는 이유는 이런 수요가 있다는 것을 알고 있기 때문이죠. 영화 「레디 플레이어 원」은 어쩌면 이미 도래한 미래일 수도 있습니다.

게임 속 NPC의
자유의지

    영화와 게임은 엔터테인먼트의 최종 승자가 되기 위해 진검승부를 벌이고 있습니다. 대중성에서는 영화가 앞서지만, 사용자들의 시간을 잡아먹는 중독성에서는 게임이 앞서죠. 그렇지만 영화는 산업이면서 예술이 될 수 있지만, 게임은 어디까지나 문화의 일종일 뿐이라는 차이점도 있습니다. 영화와 게임을 비교하며 서두를 시작한 이유는 게임을 소재로 삼아 만든 영화가 있어서입니다.

    「데드 풀」의 주연 배우로 우리나라에도 방문한 적이 있는 라이언 레이놀즈 주연의 「프리 가이(2021)」는 게임 속 캐릭터(NPC)를 주인공으로 내세운 영화입니다. 게임을 하는 유저들이 자신이 원하는 아바타로 게임을 하는 장면이 나온다는 점에서 이 영화는 메타버스 영화로도 볼 수 있습니다.

줄거리는 참으로 흥미롭습니다. 영화 「트루먼 쇼」처럼 자신의 인생이 리얼리티 쇼로 촬영되는 줄도 모르고 거짓된 삶(부모조차 거짓)을 살던 주인공이 실제 자신은 프리 시티라는 거대한 비디오 게임 속의 NPC(정해진 규칙에 따라 움직이고 정해진 대사만 하는 약한 인공지능 캐릭터)라는 사실을 깨닫습니다. 이후 인간 협력자와 함께 게임회사 사장의 거대한 음모에 맞서 싸우며 진정한 자유의지를 찾아갑니다. 한마디로 「트루먼 쇼」의 게임 버전입니다.

차를 타고 마음대로 하고 싶은 일(범죄도 포함)을 하는 게임 GTA 시리즈처럼 「프리 시티」도 '프리'라는 이름으로 사용자들이 마음 껏 때려 부수고, 원하는 NPC를 죽일 수 있죠. 현실에서는 10대 꼬마 여자아이가 게임 속에서는 네오 나치 성향의 머리를 빡빡 민 스킨헤드로 등장하는 등, 그 자체가 완벽한 메타버스입니다.

게임에는 있고 영화에는 없는 대표적인 것이 양방향 소통인 인 터랙션입니다. 그런 면에서 게임은 게임 개발자가 모든 것을 만드 는 게 아니라 게임 세계가 만들어진 뒤, 게임 유저와 개발자가 함 께 만들어 가는 세계라고 볼 수 있죠. 따라서 만약 게임 유저가 현 실에서 불가능한 일들의 도전으로 폭력성을 추구한다면 내용은 그런 방향으로 흘러갈 수밖에 없습니다. 물론 NPC는 죽더라도 언제든 다시 깨어나 새 출발 하는(그러나 항상 똑같은 대사와 똑같은 행동) 이른바 영구 리셋이 가능하지만, 영화는 러닝 타임이라는 시간적 한계가 있습니다. 영화는 선과 악의 구도가 분명한 편이지만 게임은 게임마다 다릅니다. 대부분의 유저가 악인이 되든지 선인이 되지만 영화는 선과 악이 공존하죠.

「프리 가이」에서 자유의지를 갖게 되고 리셋 이전의 일들을 기억하게 된 주인공은 '프리 시티'를 진정한 자유 도시로 만들기 위해서, 그리고 돈에 눈먼 유저들을 더욱 폭력적이고 자극적으로 만드는 게임회사 사장과 맞서 싸웁니다. 이 가운데 현실 속에서는 평범한 여성 프로그래머지만 게임 속에서는 멋진 여전사가 되는 주인공이 NPC와 사랑을 시작합니다.

이 영화는 짐 캐리 주연의 「트루먼 쇼」와 로빈 윌리엄스 주연의 「바이센테니얼 맨」과 함께 인공지능 시대에 진지한 질문을 던지는 영화이기도 합니다. 메타버스는 물론 VR 기술의 발전이라는 인공지능 기술 없이 단순히 가상현실 기술만으로는 완벽한 실재감을 느끼게 해 줄 수는 없습니다.

2016년 알파고가 바둑 천재 이세돌을 이긴 다음 인공지능은 6년 동안 어느 정도까지 진화했을까요? 자유의지를 가진 게임 NPC, 즉 인공지능의 자아가 만들어지려면 우선 인공지능이 게이머와의 대결에서 이겨야 합니다. 그런데 아직 인공지능이 전략 게임 스타크래프트조차 인간을 이기지 못합니다. 구글에서 인공지능 연구를 주도하며 『기계는 어떻게 생각하는가』를 쓴 숀 게리시는 이렇게 말합니다.

"바둑의 분기 계수는 약 250개이지만 스타크래프트의 분기 계수는 이보다 훨씬 더 많다. 그리고 스타크래프트는 바둑보다 더 많은 수를 고려해야 한다. 바둑은 프로 대국 기준 평균 150수를 두지만 스타크래프트는 실시간 게임이다. 보통 25분이 걸리는 스타크래프트 대전에서 조작은 총 36,000회 일어난다. 일반적인 바둑 대국을 한 번 치르는 데 필요한 탐색 공간의 1억 179만 9,640배에 해당한다. 문제를 더 어렵게 만드는 것은, 스타크래프트 플레이어는 안개로 가려진 지도 때문에 불완전한 정보를 가지고 시작한다는 것이다. 체스와 바둑에서 쓰였던 일반적인 탐색 방식은 스타크래프트에서는 사용할 수 없다."

이세돌을 이긴 알파고는 인공지능이 바둑판의 착점을 결정하면 인간이 대신 놓아주는 식으로 진행됐는데 스타크래프트는 전혀 다른 작동 방식이 요구됩니다. 신들린 손가락 마우스 클릭을 보여줄 정도로 휴머노이드 기술이 숙성되지 않았기에 구글이 스타크래프트 최고수와의 대결을 피하고 있다는 생각입니다.

인공지능의 진화는 아직은 갈 길이 멉니다. 딥 러닝과 인공지능의 또 다른 연구 권위자 게리 마커스 뉴욕대학 교수는 최근 저서 『2029 기계가 멈추는 날』에서 현재 딥러닝 기술로는 스스로 생각하는 인공지능을 절대로 만들 수 없다고 단언합니다. 맥락 추론이 불가능한 현재 딥러닝 기술은 맥락을 중심으로 이해의 영역을 점차 넓히는 딥 언더스탠딩 기술로 진화해야 한다고 강조합니다. 인공지능이 인간을 넘어서기에는 아직 멀었다고 보는 것이죠.

영화 「프리 가이」는 멋지고 기발한 상상력의 산물로써 메타버스 세계를 매력적으로 보여 줍니다. 메타버스에 올라타서 돈을 벌고 싶다면 영화를 보면서 영화와 게임이 어떻게 통섭될 수 있는지 분석해 가며 보면 좋을 것 같습니다.

중국 경제는
사회주의로 돌아갈 것인가

세르비아계로서 미국의 불평등 전문가이며 뉴욕시립대학 경제학과 교수인 브랑코 밀라노비치는 저서 『홀로 선 자본주의』에서 중국 사회를 명백한 자본주의 국가로 규정합니다. 그에 따르면 한 사회가 자본주의 체제로 평가받기 위해서는 다음의 세 가지 조건을 갖춰야 한다고 합니다.

① 생산의 대부분이 개인 소유의 수단(토지, 자본)을 통해 이루어져야 한다. ②대부분의 노동자는 임금 노동자여야 한다. ③ 생산 및 가격이 정부가 아닌 시장에 의해서(저자는 분권적 방식이라고 표현) 결정되어야 한다.

이 세 가지 관점에서 봤을 때 중국은 틀림없는 자본주의 국가라고 규정합니다.

중국이 자본주의 국가인지, 사회주의 국가인지 정체성 논쟁이 중요한 게 아니라 앞으로 중국이 어떤 체제로 갈지 예측하는 게 투자자로서는 더 중요하겠죠. 물론 과거와 현재를 연결해 읽어야 미래라는 점을 어디에 찍을지 알 수 있습니다.

중요한 사실은 1978년 중국이 덩샤오핑 체제에서 본격적인 개방을 한 뒤 한 번도 자신이 자본주의를 한다고 선언한 적이 없다는 사실입니다. 덩샤오핑도 장쩌민도 후진타오도 마찬가지죠. 물론 시진핑은 두말할 나위가 없습니다. 그들은 중국이 사회주의 시장경제, 또는 중국 특색의 사회주의라고 합니다. '시장경제=자본주의'라고 생각하는 많은 사람이 헷갈릴 만도 하죠.

중국 시진핑은 자본주의를 경제 체제로 택하고 정치 체제는 민주주의가 아닌 1당 독재를 유지해 왔습니다. 2022년은 1당 독재에서 1인 독재로 넘어가는 시기라는 건 누가 봐도 확실하지만, 문제는 정치 체제에 변화가 생긴다고 해서 그동안 시장의 자율성을 어느 정도 보장해 온 중국 정부가 빗장을 걸어 잠그고 다시 문화혁명을 외치며 사회주의로 돌아갈 것인가입니다. 사회주의로의 복귀가 시진핑의 마인드에 들어 있음은 분명해 보입니다. 그가 꺼낸 '다 같이 잘 살자'는 공동부유론共同富裕論은 바로 사회주의 정체성 찾기라고 할 수 있습니다.

이런 생각을 굳혀 준 건 책이 아니라 한 편의 영화입니다. 홍콩 출신의 중국 감독 진가신이 2013년에 만든 「아메리칸 드림 인 차이나」라는 작품입니다. 그는 「첨밀밀」이라는 홍콩 영화 사상 최고의 로맨스 영화로 평가받는 작품을 연출한 감독이죠. 진가신 감독은 시진핑이 집권하던 해에 중국에서 제일 잘나가는 사교육 업체가 중국이 아닌 미국 뉴욕 증시에 상장한 사연을 다룬 영화로 중국의 박스 오피스 1위에 올랐습니다.

영화에서 뉴 드림이라는 회사로 나오는 실제 회사명은 신동방 그룹New Oriental Education & Technology Group으로 이 회사는 닷컴 버블이 끝난 후인 2003년 미국 증시, 그것도 나스닥이 아닌 뉴욕증권거래소에 상장했습니다. 실제 학원을 운영한 적도 없는 중국의 사교육 업체가 어떻게 미국 본토 증시에 상장될 수 있었을까요?

그 이유가 영화에 나옵니다. 신동방 그룹은 베이징대학 동창 세 명이 창업한 회사입니다. 이들의 전공은 영문학, 생물학 등으로 달랐지만 1988년부터 쭉 미국을 관심 있게 지켜보며 동경하고 영어를 공부하려는 열의가 있었다는 공통점이 있었죠. 세 사람은 모두 미국 유학을 꿈꿨지만 현실에서는 생물학을 전공한 친구만이 유학에 성공합니다. 나머지 두 사람은 중국에서 사전을 통째로 외워 버리는 식으로 영어를 독학합니다. 이후 영어를 배우려는 한 학생의 개인 과외를 시작합니다. 당시 중국은 사회주의에서 시장경제를 도입한 지 10년이 안 된 시점이어서 개인 과외에 비용을 지불해야 한다는 인식이 없었죠. 과외를 부탁한 학생의 아버지는 자본주의는 나쁜 것이고 돈은 사람을 타락하게 만든다면서 그들에게 무료 노동을 강요합니다.

영화는 시간이 지나면서 점점 자본주의로 변해 가는 중국 사회의 현실을 그립니다. 그들은 문 닫은 공장에 임시로 학원을 설립해 영어를 가르칩니다. 공교육에 만족하지 못하던 당시 중국 베이징의 학부모들은 영어 공부를 필수로 생각하고 아메리칸 드림을 꿈꾸며 자녀들을 학원에 보내기 시작하죠. 수강생은 급속도로 늘어나 880만 명이나 됩니다. 우리나라 초·중·고·대학생을 다 합쳐도 이 숫자가 안 될 텐데 한 학원의 수강생이 1,000만 명에 가깝다니 놀랍습니다.

그들은 학생들에게 당시 중국의 부유층에게 너무나 큰 꿈이었던 미국 유학을 위한 토플 성적을 확실히 올려 주었습니다. 자신들이 먼저 시험을 본 후 그 시험 문제를 통째로 외워 기출 문제를 만들어 공부시켰죠. 그런데 이를 미국 토플의 주관사인 ECC가 알고 신동방 그룹을 미국 법원에 저작권 침해로 고소합니다. 이에 "당신들은 중국 문화를 모른다. 중국은 1000년 이상 암기력 테스트인 과거 시험을 보았던 나라다. DNA에 암기력이 내장돼 있다."라고 말합니다.

영화 곳곳에는 1999년 베오그라드 중국 대사관을 실수로 폭파시킨 뒤 반미 시위가 격렬하게 일어나는 장면과 그럼에도 불구하고 아메리칸 드림을 꿈꾸면서 자녀를 유학원에 보내는 중국인들의 이중성에 대한 우회적 비판을 읽을 수 있습니다. 그와 동시에 미국이 중국 시장을 너무나 탐내면서도 필요할 때면 지적재산권 침해를 일삼는 도둑으로 몰고 가는 미국 기업과 정부의 태도를 비판하기도 하죠.

신동방 그룹은 ECC의 제소를 중국의 영어 시장이 그만큼 크다는 증거로 활용해 미국 투자 은행들에 적극적으로 홍보한 결과 오히려 기업의 가치는 더 커집니다. 신동방 그룹은 상장 당일 시가 총액이 30억 달러를 돌파하면서 미국 투자자들에게 강력한 인상을 남겼죠.

영화는 평범한 내용이라 할 수 있지만 사실 뒤에 이어지는 이야기가 재미있습니다. 2022년 6월 현재 신동방 그룹의 주가는 놀랍게도 16달러밖에 되지 않습니다. 불과 1년 전에는 95달러까지 올랐던 주식인데 말이지요. 지금 시가 총액은 22억 달러로 19년이 지난 지금 오히려 줄어들었습니다. 그 이유를 파고들어 가 보면 지금 중국이 어떤 방향으로 가는지 짐작할 수 있습니다. 바로 규제 리스크 때문에 주가가 떨어진 것입니다.

시진핑이 집권하던 초창기 시기에는 신동방 그룹이 지금처럼 미국 투자자들로부터 외면받지 않았습니다. 주가는 2021년 2월까지 지금보다 다섯 배는 높았습니다. 중국 정부는 저출산의 책임을 중국 사교육 업체로 돌리고 오프라인은 물론 온라인 사업도 규제하기 시작했습니다. 방학 때 학원도 다니면 안 되고, 인강도 듣지 못하게 했습니다. 또 선행학습도 일체 금지시킵니다.

중국과 미국의 명문대 진학(중국에서는 부유층이나 공산당 간부일수록 미국 유학을 보내려 한다. 시진핑의 아들도 미국 유학파)에 대한 학부모들의 투자를 시진핑도 어쩌지 못하지만, 시장이 절대 정부를 못 이기는 나라가 중국입니다. 중국의 막강한 국가 권력이 사실상의 사교육 금지 조치를 통해 대대적인 단속에 들어가자 주가가 5분의 1토막이 난 것입니다.

시진핑 집권 초기에는 아메리칸 드림을 추구하는 게 자연스럽고 세상의 변화에 따라가는 거였다면, 지금의 중국은 노골적인 반미로 돌아서면서 미국과 관련된 중국 기업들(알리바바도 포함)이 호되게 당하는 중입니다. 저는 앞으로 중국이 사회주의로 돌아선다면 우리에게는 위기이자 기회일 수 있다고 생각합니다. 물론 중국에 수출하는 기업, 특히 대규모로 투자한 기업들은 매우 어려워질 수도 있습니다. 중국이 사회주의를 한다고 해서 폐쇄형 경제로 곧바로 전환하는 것은 아니지만 시진핑 집권이 계속 연장된다면 결국은 그쪽으로 갈 가능성도 있습니다. 시진핑이 모든 문제의 근원을 자본주의의 문제로 돌리고 있기 때문이죠. 더군다나 중국도 이제는 성장이 서서히 둔화되면서 민심이 흉흉해지면 더욱 반^反미국의 기치 아래 글로벌 자본주의 타도를 외치면서 중국 내부의 갈등을 잠재우고 전선을 외부로 옮기려고 할 겁니다. 또한 러시아–우크라이나 전쟁으로 세계는 서방 진영과 러시아와 중국이 주도하는 반서방 진영으로 경제권이 나뉠 수도 있습니다. 우리가 중국이 아닌 동남아시아나 인도 그리고 아프리카 등의 시장을 계속해서 주시하고 투자해야 하는 이유는 바로 몇 년 전까지만 해도 도저히 불가능해 보였던 중국의 사회주의로의 복귀가 가능해질 수도 있기 때문입니다.

　중국 외의 시장을 찾고 미국과 유럽에서 반도체 배터리 K컬처 삼총사가 선전해 준다면 우리에게 희망이 없는 것은 아닙니다. 특히 전기차의 캐시카우Cash Cow인 2차 전지 배터리에서 국내 3사는 중국의 CATL과 치열하게 경쟁 중인데 미국과 유럽 시장에서 CATL을 따라잡을 절호의 기회가 되죠. 삼성전자도 더욱 몸값을 높이고 휴대전화와 5G 장비 등에서 경쟁사인 화웨이와 샤오미를 멀리 따돌릴 수 있습니다.

　물론 중국의 사회주의화가 쉽지 않을 거라고 예상하는 사람도 많습니다. 그러기엔 중국이 너무 자본주의 쪽으로 기울었다는 거죠. 다시 사회주의로 돌아가려면 많은 대가를 치르게 될 것이고, 영민한 시진핑이 이를 모를 리가 없다고 주장하죠. 그리고 재임 기간 중에 미국을 따라잡기 원하는 시진핑으로서는 중국 기업이 혁신을 할 숨통은 당분간 열어둘 거라는 지적도 있습니다. 어느 정도 자율성이 보장돼야 창의성도 확보될 수 있기 때문이죠. 그러나 1년 전의 어느 누구도 신동방 그룹의 주가가 5분의 1토막이 날 것을 예측하지 못했던 것처럼, 중국의 1년 뒤에 어떤 엄청난 일이 일어날지는 오직 시진핑만이 알겠지요.

'메타플랫폼스'가 된 페이스북

2020년에 출간한 저서 『슈퍼리치들에게 배우는 돈 공부』를 읽은 한 독자분이 메일을 보내온 적이 있습니다. 에이미 웹이 쓴 『빅 나인』을 리뷰하면서 빅테크Big Tech를 상징하는 미국의 마피아 기업 중 수익 모델이 없는 메타플랫폼스(구 페이스북)가 가장 먼저 망할 것이라는 주장에 필자로서 어떻게 생각하는지에 관한 질문이었습니다. 저는 수익 모델이 광고(98%)에 지나치게 의존하고 있는 점은 단점이지만 사실 빅테크 기업 중에서 저평가된 측면도 분명히 있어 메타의 전망을 부정적으로 보지 않는다고 답변했습니다.

메타플랫폼스가 애플이나 구글 같은 기업에 밀리는 건 분명한 사실입니다. 애플과 전쟁을 치르는 이유가 애플이 자사 앱의 사용자들에게 개인 정보가 앱의 회사로 넘어갈 수 있다는 경고 메시지를 의무적으로 넣기로 하자 광고로만 먹고사는 메타플랫폼스는 발끈했죠. 사실 자체 OS를 가지고 있는 애플, 마이크로소프트, 구글(안드로이드라는 모바일 앱) 등에 비하면 약자에 속하는 측면이 있습니다. 28억 명의 유저를 보유한 세계 최대의 SNS 그룹이지만 그래도 앱일 뿐이라는 세간의 인식은 한계가 분명 있죠. 따라서 메타플랫폼스는 페이스북이나 인스타그램이나 왓츠앱 같은 SNS뿐 아니라 새로운 먹거리 시장에서 선두주자가 되려고 일찍부터 노력해 왔습니다.

메타플랫폼스가 지난 2014년 가상현실 헤드셋 제조업체인 오큘러스를 27억 달러(당시 한화로 2.8조 원)에 인수한 것도 바로 새 시장에서 선두주자가 되려는 의지였습니다. 바로 가상현실 기술을 접목한 메타버스 시장입니다. 마크 저커버그는 오큘러스를 인수한 이유를 '가상현실이 즐기기 위한 탈출구가 아니라 사람 사이를 연결하는 장치'라고 보았기 때문이라고 밝혔습니다. 오큘러스 인수를 두고 여러 의견이 나왔지만 2021년부터 메타버스가 부상하면서 마크 저커버그의 결정이 신의 한 수라고 평가하는 분위기로 반전되었습니다. 메타버스의 소프트웨어뿐 아니라 하드웨어 시장까지 다 먹겠다는 의지였죠.

2022년 현재 애플 아이폰의 앱 시장에는 1만 4,000개의 앱이 나와 있을 정도로 메타버스 시장은 급성장했습니다. 그러나 애플도 올해 AR(증강현실)과 VR(가상현실) 기기를 내놓는다고 할 정도로 메타버스에서 하드웨어 시장은 군웅할거의 상황입니다. 오큘러스는 업계 최고의 경쟁력을 갖춘 업체로 메타플랫폼스가 애플, 구글, 마이크로소프트와 맞먹는 기업으로 성장할 가능성은 충분히 있습니다. 저커버그는 2021년에 열린 커넥팅 데이 행사에서 선글라스 업체 레이밴Ray-Ban과 손잡고 레이벤 글래스라는 스마트 안경을 만들기로 했습니다. 헤드셋이 아닌 안경처럼 착용해 눈앞의 메타버스 현실을 만들어내겠다는 선언입니다.

명장 데이비드 핀처 감독의 2010년 작 「소셜 네트워크」는 페이스북이 지금처럼 잘나가기 전에 마트 저커버그가 빌 게이츠나 스티브 잡스 같은 IT업계의 초대형 거물이 될 것을 전망한 선견지명을 보여준 영화입니다. 마크 저커버그는 빌 게이츠처럼 사업을 하기 위해 하버드대학 졸업장을 버린 인물입니다.

영화는 하버드대학을 방문한 빌 게이츠의 연설에 저커버그가 감명을 받는 것으로 시작합니다. 이후 그는 하버드생들만 이용하는 폐쇄적인 SNS를 만드는 것으로 시작해 당시 하버드대학에서 비슷한 앱을 만들었던 윙클보스 형제(비트코인의 창시자 사토시 나카모토 다음으로 많은 비트코인을 보유하고 있다)와의 갈등, 저커버그가 학교를 그만두고 사업에 전념하는 장면 등 저커버그의 인생에서 공적인 면과 사적인 면을 교차하며 진행됩니다. 페이스북도 메타버스도 공적이면서 동시에 사적인 공간이죠. 영화 이후의 일이지만 저커버그는 하버드대학 2017년도 졸업식 연설에서 "평등을

이루기 위한 우리 세대 나름의 새로운 사회계약이 필요하다."라
며 소셜 네트워크에 두 가지 가치, 평등과 평등한 개인 간의 사회
계약을 내걸고 있음을 밝혔습니다.

페이스북은 평등합니다. 유튜브와 비교하면 확실히 그렇습니
다. 모든 사람이 친구를 5,000명까지만 둘 수 있죠. 인플루언서
간의 대접이 구독자 숫자와 클릭률에 따라 극명하게 다른 유튜브
와 비교하면 페이스북은 확실히 평등해 보입니다. 페이스북은 계
정 주인의 세계관이 서비스에 반영되지 않는 민주적 구조입니다.
페이스북이 전 세계에서 가장 큰 종교인 기독교도보다 숫자가 많
고 단일 국가의 최다 인구인 중국보다도 훨씬 많은 사용자 수를
확보한 것도 이런 열린 세계를 지향하고 현실과는 다른 사이버 세
계를 만들었기 때문입니다. 저커버그는 '지금처럼 사회적으로 분
열되고 경제적으로 양분된 사회와는 다른 메타버스를 인류가 꿈
꿀 것'이라고 영화에서 말합니다. 그의 상상력과 실행력이라면 충
분히 구현될 것 같습니다.

그렇다면 페이스북은 이제 모르는 사람이 없을 정도로 브랜드
파워가 막강한데 회사 이름을 왜 바꾸었을까요? 메타버스는 SNS
를 포함해 사회 문화 모든 것을 빨아들이는 제2의 지구가 될 것입
니다. 메타버스와 페이스북을 통합함으로써 새로 뜨는 메타버스
시장에서 '페이스북' 하면 메타버스, '메타버스' 하면 페이스북이

라는 공식을 만들고 싶었던 건 아닐까요? 혹은 수익 모델의 다변화가 꼭 필요하고 이미 28억 명의 사용자를 확보한 SNS 최강자가 페이스북이나 인스타그램에서 머무는 사용자 시간을 늘리고, 결제 및 전자상거래, 이체 및 대출 대여 서비스 등으로 수익 모델을 확장하고, DM이라 불리는 자체 암호화폐를 만듦으로써 하나의 국가(어쩌면 미국이나 중국을 뛰어넘는)가 되려는 움직임일 수도 있습니다.

저커버그는 선한 사업가로서 ESG가 뜨기 전부터 먼저 사회적 책임을 다하려고 노력했습니다. 분명 오늘날의 페이스북은 마크 저커버그 혼자만의 작품은 아닙니다. 최고운영책임자인 부사장 셰릴 샌드버그와 수많은 직원, 그리고 무엇보다 28억 명의 사용자들이 가치를 함께 창출해낸 것입니다. 하지만 저커버그가 없었다면 오늘날의 SNS가 지금과는 다른 모습으로 우리에게 등장했을 것이라는 생각이 듭니다. 저커버그는 새로운 문화를 만들었다는 점에서 이미 빌 게이츠와 스티브 잡스에 맞먹는 거물로 성장했음이 분명합니다.

「오징어 게임」과
넷플릭스

"비바람이 몰아치던 바다, 잔잔해져 오면…." 이렇게 시작되는 「연가」라는 노래가 있습니다. 2022년 1월 미국 증시는 비바람이 아니라 피바람을 맞는 심정이었습니다. 그 잘나가던 넷플릭스가 하루 만에 100달러 이상 떨어지고 2021년 11월 고점(700달러)에서 불과 두 달 만에 41%가 떨어졌습니다. 8개월이 지난 2022년 7월에는 170달러까지 60%이상 떨어졌습니다. 2021년 4분기 신규 가입자 수가 예상했던 839만 명보다 약간 적은 828만 명으로, 2022년 1분기 실적에서 가입자가 줄어든 것은 러시아 사업을 접으면서 70만 명이 감소하며 실제로는 20만 명이 증가한 것인데 그 정도 숫자로 시장이 요동을 치다니 정말 이해할 수 없는 게 미스터 마켓이구나 싶습니다.

그만큼 넷플릭스에 사람들의 관심이 많다는 증거겠죠. 넷플릭스가 떨어지면서 OTT의 또 다른 강자인 디즈니도 당일 7% 가까이 하락했습니다.

『미국 주식이 답이다』의 장우석 저자는 넷플릭스를 성장하지 않는 성장주라고 표현했는데, 디즈니까지 하락한 걸 보면 OTT 시장이 레드 오션으로 접어든 건 아닌가 싶습니다. 넷플릭스는 디즈니만 상대하면 되는 게 아니라 애플과 아마존까지 상대해야 하니 쉽지 않은 싸움이 되리라 생각합니다.

20세기 내내 엔터테인먼트 산업을 주도(60년대 비틀스가 활동하던 시절만 잠시 왕좌를 물려준 적이 있음)해 온 영화가 21세기에 들어서면서 게임 산업에 왕좌를 넘겨주는 날이 올 수도 있습니다. 넷플릭스로 대표되는 영화는 특유의 상상력을 발휘해 NFT와 자신을 접목하는 또 다른 혁신을 이루어야 게임 산업의 강력한 도전을 이겨낼 것입니다.

2021년도 넷플릭스에서 가장 많은 시청자가 관람한 콘텐츠는 우리나라 시리즈물인 「오징어 게임」입니다. BTS 노래가 아무리 세계적인 인기를 끌고 있다고 하더라도 모든 세대, 모든 계층이 즐겨 부르는 것은 아닙니다. 1960년대 비틀스나 1970년대 아바, 비지스, 퀸, 엘튼 존처럼 모두가 듣고 모두가 따라 부르던 그때의 대중음악이 아닙니다. 이는 비틀스가 주도하던 1960년대의 대중음악과 달리 지금은 영화, 게임 등 다른 대중문화가 음악 시장의 크기나 영향력 면에서 압도하기 때문이죠. 세계 최고 시장을 갖고 있는 BTS의 소속사 하이브의 매출은 1조 2000억 원(2021년 기준)으로 2조 4천억 원을 넘긴 엔씨소프트의 2분의 1 수준밖에 안 됩니다. 게다가 엔씨소프트는 게임 업계에서 세계 최고가 아닌데 말이지요.

「오징어 게임」은 거의 1억 명이 넘는, 19세 이상의 구매력 있는 유료 시청자 수와 그들에게 미친 영향력, 뉴스에서 차지한 비중, 투자 시장에서 차지하는 위상(2021년 11월의 넷플릭스 주식 최고가 700달러는 「오징어 게임」의 히트가 직접적인 원인이었으며 넷플릭스는 「오징어 게임」으로만 1조 원의 매출을 올린 것으로 알려짐)이란 측면에서 그동안 한국이 대중문화에서 성취한 모든 성과를 합친 것보다 더 컸습니다.

「오징어 게임」은 돈이라는 관점에서 배울 게 많습니다. 우선 이 드라마는 가진 자의 행복과 돈이 없는 자의 불행을 극적으로 대비시키면서, 대다수 사람이 후자를 피하고 싶어 하는 현실을 보여 줍니다. 돈이 필요한 이유는 없으면 너무 불편해지기 때문이죠. 불편이 쌓이면 불행이 됩니다. 사실 돈은 이미 자본주의를 넘어 완벽하게 신자유주의가 구현된 우리나라에서 모든 것을 움직이는 유일한 인센티브입니다. 돈이 없으면 숨 쉬는 것 외에 사실상 모든 것이 불가능한 나라죠. 따라서 사람들은 모두 많은 돈을 벌고 싶어 하지만 돈을 버는 게 그리 쉽지 않습니다.

주인공 기훈이 456억 원을 벌기까지 455명의 죽음이 필요했습니다. 자본주의, 특히 대한민국의 자본주의는 콜로세움이고, 그 게임에 참여하는 모든 사람은 검투사라는 사실을 이 작품은 말해 줍니다. 모든 검투사는 콜로세움에서 죽습니다. 사람들은 그 사실을 알고도 콜로세움에 계속 섭니다. 로마 시대 때는 노예 신분으로 그렇게 할 수밖에 없는 구조였습니다. 하지만 자본주의는 표면상으로는 선택의 자유가 있는 것처럼 위장하지만 선택의 자유는 부유층 사람들에게나 있는 것이고 가난한 루저에게는 선택권 없이 그저 살기 위해 다른 사람을 죽여야 하는 정글의 법칙이 작용하고 있음을 여실히 보여 줍니다. 죽을 확률이 압도적으로 높은데도 게임에 참여하겠다고 선택한 사람의 비율이 90%에 이른다는 것은 현실이 얼마나 절박한지를 말해 줍니다.

서울대 경영대 출신으로 머리 회전이 빨라 결승전까지 살아남은 상우(박해수 분)는 자본주의 룰을 빨리 이해할수록 생존할 가능성이 높다는 것을 보여 줍니다. 그런데 서울대 경영대를 수석으로 입학한 상우조차 선물 옵션 투자로 60억 원의 빚을 졌다는 설정은 무척이나 현실적입니다. 결국 상우는 죽고 휴머니스트에 좀 더 가까운 기훈(이정재 분)이 최후의 승자가 되었다는 사실은 돈에 대한 다른 관점이 필요하다는 것을 말하는 듯합니다.

이 드라마를 보고 투자자라면 이런 고민을 할 수 있을 것 같습니다. K드라마에 투자할 것인가, 넷플릭스에 투자할 것인가? 저는 K드라마의 미래를 긍정적으로 봅니다. 먼저 크리에이티브와 비즈니스 감각이라는 두 가지 재능이 동시에 필요한 영역에서 이 둘을 모두 갖춘 인재들이 몰리고 있다는 것입니다. 이들은 해외 문화에 열려 있어서 미국, 일본, 유럽, 홍콩 등 기존의 문화들로부터 장점을 빨리 배워 이를 작품에 적용시키고 있습니다.

그리고 두 번째는 '시장'입니다. 사회의 경쟁이 치열해지면서 경쟁을 쉬는 동안 잠시나마 위로해 줄 「오징어 게임」 같은 드라마의 필요성이 더욱 강조되고 있습니다. 메타버스와 NFT가 한국 사회에서 유달리 강조되는 것도 현실과는 다른 새로운 곳에서 고통을 잊어버리려는 한국 특유의 치열한 경쟁 상황 때문입니다. 바로 이러한 시장이 있다는 것이죠.

그리고 마지막 요인으로 우리나라의 '특수성'에 기인합니다. 20세기에 다른 나라들은 경험하지 못했던 극적인 변화 세 가지(외세의 식민지 지배, 동족상잔의 이념 전쟁, IMF 외환 위기 이후 반강제적인 신자유주의의 도입)를 겪은 나라는 대한민국 외에는 없습니다. 솔직히 아무 변화가 없는 여러 나라들(특히 선진국)보다 드라마틱한 서사 구조를 역사적으로 보유하고 있는 것이죠. 우리는 인재와 시장, 과거 어느 시점이든 좋은 콘텐츠 소재가 되는 역동적인 역사가 있어서 K컬쳐는 앞으로도 잘나가리라 생각합니다.

또한 문화산업에서 미래를 찾기 위한 적극적인 지원으로 창작의 자유는 더 보장될 것 같습니다. 따라서 국내 드라마 관련 업체 주식(스튜디오 드래곤, 초록뱀 미디어, 에이스토리, 팬엔터테인먼트, NEW

같은 제작사, 자이언트 스텝 같은 FX)에 투자하는 것노 좋은 선택이 될
수 있습니다.

그러나 더 좋은 선택은 넷플릭스 같은 플랫폼 업체입니다. 우리
는 인구 숫자상 세계를 호령할 플랫폼 업체가 탄생하기는 구조적
으로 힘듭니다. 「오징어 게임」 같은 작품을 또 만들 수는 있으나
세계적인 히트작으로 만들어내는 능력이 국내 OTT 업체나 공중
파, 종편 케이블TV로는 힘듭니다.

넷플릭스는 굉장히 열린 조직입니다. 일시적인 주가 하락은 있
었지만, 기업이 꾸준히 혁신하고, 인재를 발굴하고, 무엇보다 사
람들이 돈을 주고 살 콘텐츠를 알아내는 감각이 빅데이터를 통해
확보되어 있는 업체이기 때문에 좋은 투자 대상입니다. 넷플릭스
에는 '규칙 없음'이란 규칙이 있는데 현지 법인 담당자가 작품 구
입의 액수까지 최종 결정합니다. CEO는 다만 해고권을 갖고 있
죠. 완벽한 자율과 책임이 공존하는 넷플릭스 문화는 넷플릭스의
미래에 대한 보증수표입니다.

넷플릭스가 더 잘나가리라고 예측하는 이유는 넷플릭스가 영
화나 드라마 외에도 다른 수익 모델을 창출하고 있기 때문입니다.
넷플릭스는 자체 MD숍이 있고 드라마 속에 등장한 의류 등을 지
난해 10월부터 판매하기 시작했습니다. 아마 앞으로도 「오징어
게임」 관련해서 다양한 콘텐츠를 만들어낼 것으로 예측됩니다.

그리고 영화보다 더 큰 게임 시장에서 가장 대중적인 모바일 게임과 마니아들이 가장 많이 사랑하는 비디오 게임을 준비하고 있습니다. 진짜 돈을 벌 줄 아는 기업이죠. 다만 콘텐츠가 지나치게 성인 취향이어서 가족이 같이 볼 콘텐츠는 디즈니가 훨씬 더 많다는 점에서 여유가 되면 넷플릭스나 디즈니에 동시 투자하는 것도 좋은 방법이라 여겨집니다.

6장

게임은
미래 투자의
핵심이다

돈의 흐름을 알고 싶다면 새로운 문화에 관심을 가져야 합니다. 바로 게임입니다. 게임은 메타버스와 NFT를 동시에 접수할 가능성이 높습니다. 국내 게임이 세계 시장에서 메타버스와 NFT의 최강자가 될 수 있는지, 게임 산업의 여러 분야 중 어디에 투자하는 게 좋은지, 엔씨소프트, 넥슨, 위메이드, 펄어비스 등 게임 업계의 강자들은 NFT와 메타버스, 때로는 블록체인에 왜 사활을 거는지 전략적으로 접근해 보겠습니다. 아울러 미국의 게임 중 메타버스를 가장 잘 구현한 '로블록스', '레드 데드' 온라인을 알아보고 마이크로소프트의 블리자드의 인수를 메타버스와 연결해 살펴봅니다. 동남아에서 최고 화제가 되고 있는 '엑시인피니티 게임'을 하면서 돈을 버는 방법도 소개합니다. 그리고 웹툰에 우리가 주목해야 하는 이유와 마지막으로 웹툰에 이어 메타버스와 NFT로 확장 중인 네이버와 카카오톡의 진검승부에서 승자를 예측해 봅니다.

메타버스, NFT 시장과
한국 게임

VR 업체 오큘러스의 탄생과 메타의 M&A 비사를 다룬 블레이크 J 해리스의 『더 히스토리 오브 더 퓨처』에는 흥미로운 대목이 나옵니다. 오큘러스의 설립자가 우리나라의 발달된 인터넷과 PC방을 보고 깜짝 놀라 이렇게 말합니다.

"이곳이 게임의 미래다!" 맞습니다. 우리나라는 모바일 게임 시장 규모만도 10조 원으로 PC 게임과 합치면 18조가 넘는 어마어마한 게임 시장입니다. 영화 시장은 2조 4,000억 원(물론 여기에는 넷플릭스 매출이 빠져 있다)입니다. 전 세계 음악 시장 규모는 25조 정도(전 세계 게임 시장은 213조 원) 됩니다. 한국의 시장 규모는 그 10분의 1 정도 됩니다.

게임은 영화와 음악을 제치고 이미 엔터테인먼트 산업 1위에 올라섰습니다. 다만 사람들이 그렇게 느끼지 못하는 이유는 언론의 노출이 BTS나 「오징어 게임」, 「기생충」 등과 비교해서 상대적으로 너무 낮기 때문입니다. 홍보가 필요 없을 정도로 잘되는 시장이라는 증거이겠지요. 그리고 게임은 세대 차이가 많이 나는 분야로 60대 이상은 거의 관심이 없고 잘 모르며, 40~50대는 약간 흥미는 있지만 돈을 내고 즐길 정도는 아닙니다. 20~30대는 아주 열광하는 편입니다. 그들이 가장 돈을 많이 쓰는 문화는 영화나 음악이 아닌 게임이죠. 남학생일수록 게임을 더 좋아하는데 평균 이용 시간을 보면 10대는 공부 시간 다음으로 게임하는 시간이 많고 20~30대는 일하는 시간 다음으로 게임하는 시간이 많습니다.

게임이 이렇게 뜨거운 시장이니 넷플릭스가 모바일 게임 시장에 진출할 것은 확실하다는 예측이 나옵니다. 넷플릭스는 2021년 7월 게임사 EA의 임원이었던 게임 프로듀서 마이클 버듀를 영입했고 2022년 3월에는 게임 사업을 총괄하는 자리에 소니 출신 게임 전문가 로베르트 바레라를 영입했습니다. 또한 다수의 모바일 게임사를 합병했습니다.

전도유망한 게임 산업은 2022년 이후 더욱 잘나갈 전망입니다. 바로 NFT와 메타버스 때문이죠. 메타버스는 영화와 게임을 위해 존재한다고 해도 과언이 아니며, NFT는 미술과 게임을 위한 미래의 캐시카우입니다. 물론 음악과 영화 분야에도 기회가 되기는 합니다. 하지만 NFT의 무게 중심은 확실히 영화와 게임 문화에 치우쳐 있습니다. 대한민국과 투자자를 먹여 살릴 두 미래 먹거리에 모두 통하는 문화는 오직 '게임'입니다.

우선 우리나라 게임이 메타버스에서 강자가 될 수 있다는 증거로 세계 최초의 메타버스 로블록스가 히트하기 전에 네이버의 '제페토'에서 이미 비슷한 플랫폼을 만든 바 있고 전 국민이 사용하는 메신저 카카오톡이 자체로 메타버스 플랫폼을 론칭했다는 점을 들 수 있습니다. 이들은 게임을 기반으로 움직이고 있어 우리나라에서는 '게임=메타버스'라는 공식을 굳혀 가고 있죠. 게임을 이용하는 시간이 많은 헤비 유저일수록 메타버스의 공간을 자신이 놀던 오픈월드와 일치시킵니다. 이미 국내 게임은 이동 장소에 자유를 부여하면서 메타버스가 되기 전부터 메타버스로 존재해 왔습니다.

NFT는 어떨까요? 물론 현행법상으로는 게임 내에서 돈으로 아이템 거래를 할 수 없도록 하고 있습니다. 그러나 해외에 서버를 둔 게임이라면 가능하죠. 이미 엑시 인피니티 같은 게임(베트남에서 개발된 게임)은 동남아 유저들을 열심히 돈벌이 시켜 실제 필리핀에서는 이 게임으로 집을 구매하는 일도 있었습니다.

NFT가 전 세계의 돈을 진공청소기처럼 빨아들일 때 사행성이 우려된다는 이유로 규제하려 한다면 우리는 정말 소탐대실할 수 있습니다. 그래서 현재 게임사들은 암호화폐 전문 회사와 손잡고 게임의 각종 아이템(아이템 중에서는 리니지의 집행검이 5억 원이 넘게 거래되기도 했다. 물론 리니지라는 게임 바깥에서 이루어지기 때문에 엔씨소프트에게 수익이 돌아가는 건 아니지만 앞으로는 언제든 상황이 바뀔 수 있다)에 NFT라는 강력하고 확실한 도장을 찍어 유통할 수 있는 전문 마켓플레이스를 게임 바깥에 두려 하는 것입니다. 아직은 일본과 미국의 게임 강자들이 이 시장에 뛰어든 것이 아니기에(오히려 동남아 게임 업체들이 강자이다) 일본, 미국과 세계 3강을 이루는 한국 게임 업체들이 NFT에서도 세계 제패 내지는 정상권에 올라설 가능성은 충분합니다.

비디오 게임, PC 게임, 모바일 게임

이제 투자자들은 게임이 대세라는 것은 알았을 겁니다. 그렇다면 어떤 게임에 투자를 해야 할까요? 게임은 플랫폼에 따라 아케이드(오락실) 게임, PC 게임, 비디오 게임(TV와 별도의 전용 조절기를 연결해서 하는 게임으로 콘솔 게임이라고도 한다.) 모바일 게임으로 나뉩니다. 기종별로 보면 모바일 게임 시장이 가장 큽니다. 전체 시장의 절반 정도인 52%(932억 달러, 약 110조 6,000억 원)로 가장 비중이 높고 전년 대비 7.3% 성장해서 다른 게임을 압도했죠. 콘솔 게임은 28%(504억 달러, 약 59조 8,000억 원)였고 전년 대비 6.6% 감소, PC 게임은 20%(367억 달러, 약 43조 5,000억 원)로 전년 대비 0.8% 감소했습니다.

2000년대 초반만 하더라도 우리나라는 PC 게임이, 미국과 일본 및 유럽에서는 콘솔 게임이 압도적 강자였고 오락실 게임도 이용자가 적지 않았는데, 2021년에 완전히 판이 바뀌었습니다. 모바일 게임은 계속 뜨는 반면, 콘솔 게임은 시장이 많이 축소되었으며 PC 게임은 제자리에 머물고 있습니다.

저는 IT기자 시절부터 콘솔 게임(소니, 닌텐도, MS의 게임기를 모두 갖고 있는 '삼신기'였다)을 즐겼는데, 콘솔 게임의 수익 모델은 게임기를 거의 원가 이하로 싸게 팔고 게임 타이틀을 비싸게 판매해서 소프트웨어 수익률을 높이는 방식, 이른바 복사기 시장과 비슷했습니다. 그런데 오랫동안 게임의 왕좌를 차지했던 콘솔 게임은 지는 해가 됐습니다. 영원한 강자는 없는 법이죠. 물론 지금은 콘솔 게임도 인터넷에 접속해 온라인으로 다른 플레이어들과 대결을 펼치거나 협업할 수 있지만 이 기능은 온라인 자체가 처음부터 전제됐던 PC나 모바일 게임보다 불리할 수밖에 없습니다.

또 한 가지 이유는 게임 소프트웨어의 중고 시장이 활성화되어 있다는 것입니다. 우리나라는 소위 국전(남부터미널 국제 전자상가), 미국에서는 2021년 증시에서 가장 급등했던 게임스탑 같은 체인점을 가진 회사가 이미 엔딩을 본 게임을 사고팔 수 있는 중고 시장을 형성하고 있다는 것이죠. 그래서 게임 업계 마진이 떨어지는 것입니다. 많게는 50%에서 70%까지 줄었다고 합니다. 콘솔 게임을 레드오션으로 만든 건 이 두 가지 이유 때문이라 할 수 있습니다.

그러나 콘솔 게임은 게임 전용 하드웨어와 조작기를 통해 수준 높은 게임을 제공함으로써 게임 마니아들에게는 여전히 최고의 인기 게임입니다. 다만 우리나라는 모바일 게임과 PC 게임이 압도적으로 커서 상대적으로 콘솔 게임의 지위가 낮습니다. 1조 원 정도 되는 시장입니다.

PC 게임은 스타크래프트와 함께 2000년대 한국에서 가장 인기 있었던 게임입니다. 리니지, 메이플스토리, 카트라이더, 카운터스트라이크, 디아블로 등의 국내외 게임이 PC를 기반으로 한 게임들이죠. 이 중에서 국내 게임회사들이 강했던 부분은 온라인 기능을 전면에 내건 MMORPG(다중 접속 롤플레잉 게임)입니다. 엔씨소프트사의 리니지는 게임 하나로 지금까지 몇백조 원의 돈을 벌게 해 준 효자 상품입니다.

온라인 게임은 엔딩을 보면 더 이상 똑같은 게임을 할 이유가 없어지는 게임과 달리, 일단 한 번 시작하면 그 게임만 평생 할 정도로 높은 충성도를 보여 줍니다. '린저씨'라는 말을 들어본 적이 있나요? 리니지를 하는 아저씨의 줄임말로, 1990년대 말 20대부터 시작해 20년 이상 그 게임만 하는 중년 남성을 일컫는 말입니다. 이들 중에는 한 달에 리니지 사용료로 1천만 원을 내는 충성 고객도 있습니다. PC 게임은 부분 유료화로 게임을 일정 단계까지는 무료로 하다 어느 정도 진행되면 유료로 전환하는 방식이어서 결국 게임을 하면 할수록 더 많은 게임 사용료를 내는 수익 모델입니다. 한동안 국내 게임 시장을 독점하다 2010년대 스마트폰이 급속히 보급되면서 모바일 게임에 왕좌를 내주었습니다.

모바일 게임은 휴대전화 전용 게임으로 거의 전부 온라인 지원이 됩니다. 스마트폰의 성능이 향상되면서 지금의 게임 그래픽이나 퀄리티가 콘솔 게임 못지않을 정도로 뛰어납니다. 사람들은 항상 휴대전화를 들고 있기에(TV를 볼 때도 손으로는 모바일 게임을 하는 10~20대들이 많다) 시장이 제일 크며 앞으로도 성장 가능성이 가장 높다고 할 수 있습니다.

예전에는 MMORPG 일색이었지만 지금은 어드벤처 게임, 슈팅 게임 등 다양한 게임이 등장하면서 일반 유저뿐 아니라 헤비 유저라고 불리는 마니아들도 흡수하고 있습니다. 모바일 게임은 애니메이션 화풍으로 20~30대 여성들의 팬심도 끌어들이고 있습니다. 일본의 애니메이션을 보는 듯한 느낌의 화면과 아기자한 게임 구성은 남성 팬들뿐 아니라 성인 여성도 팬으로 끌어들이고 있죠. 지금은 가장 대중적인 게임 플랫폼이 되었습니다.

수익 모델은 일부 유료화와 아이템 구매를 통한 파생상품의 거래 수익률이 가장 높습니다. 개발비가 PC 게임이나 콘솔 게임에 비해서 적기 때문에 이윤은 더 많이 남습니다. 그래서 세 게임 중에서 전망이 좋은 투자처는 모바일 게임이라고 생각합니다.

위메이드의
NFT 도약

2021년 12월에 한 외고 학생을 상담한 적이 있습니다. 서울대 미학과를 희망하는 그 학생은 NFT에 관심이 많았습니다. NFT 열풍이 일어나게 된 계기가 '위메이드가 국내 최초로 NFT 게임을 도입했기 때문'이라고 하자, 옆에 있던 학생의 어머니가 "여름에 위메이드 주식을 사서 제 딸에게 관심을 가져 보라고 했어요." 라고 말하는 것이었습니다. 전문가들조차 '왜 내가 그때 위메이드 주식을 사지 않았을까.' 다들 후회하고 있던 시기에 강남의 교육열 높은 어머니는 이미 위메이드의 가능성을 알아보고 투자했다는 사실에 속으로 무척 놀랐었지요.

작년 2월 저점이 1만 9,000원이었습니다. 위메이드는 엔씨소프트나 크래프톤, 넷마블에 비해 상대적으로 밀리던 주식입니다. 2021년 11월 고점이 24만 5,700원이었으니 무려 12배가 오른 겁니다. 특히 2021년 7월 국내 주식이 약세장에 본격적으로 접어든 시기만 따져도 7배가 올랐습니다. 약세장에서는 게임 업계라고 해도 예외가 아닐 텐데 왜 이런 일이 벌어졌을까요? 불멸의 히트작 '미르의 전설' 말고는 특별히 떠오르는 것이 없는 회사였지만, 블록체인 기술을 국내 최초로 도입한 회사라는 사실이 눈부신 성장을 이뤄낸 것입니다.

위메이드는 블록체인 게임 플랫폼 '위믹스' 서비스를 선보였습니다. '미르4' 글로벌 버전은 블록체인 기술을 도입해 게임 내 아이템을 가상화폐로 교환하고 이를 가상자산 거래소에서 현금화할 수 있도록 설계한 것이지요. 게임을 하면서 돈을 버는 '플레이투언play to earn'(P2E) 비즈니스 모델이 미르4 글로벌 버전에 안착함에 따라 위메이드의 블록체인 플랫폼 및 서비스도 주목받기 시작했습니다. '마르4'는 동시 접속자 수 80만을 돌파하고, 유럽과 북미 등 전 세계 152개 서버에서 운영 중입니다. 게임 유저들은 게임 캐릭터를 NFT로 발행해 거래할 수 있고 게임 속 아이템인 흑연을 자체적으로 개발한 가상화폐로 바꿀 수 있지요.

위메이드는 이 게임의 대성공이 전적으로 NFT 덕분이라고 봅니다. NFT 경매 플랫폼 '위믹스 옥션'이 대표적인 NFT 서비스입니다. NFT화된 디지털 콘텐츠를 위믹스 옥션에서 경매에 부쳐 판매하는 거래 중개 플랫폼으로 김형태 시프트업 대표의 일러스트, 신일숙 작가의 만화 『리니지』 첫 컷, MBC 아나운서들의 훈민정음 혜례본 낭독 영상 등 다양한 분야의 디지털 아트를 선보인 바 있습니다. 김동민 위메이드 신사업팀장은 「블로터」라는 웹진과의 인터뷰에서 NFT의 수익성에 대해 다음과 같이 답변했습니다.

"크리에이터 관점에서 보면 '전업 작가'라는 개념이 생길 것 같다. 조금 더 발전하면 전업 작가를 넘어선 '유틸리티 NFT 제작자'라는 개념이 등장할 가능성도 있다. 스타 플레이어 작가도 등장할 것이다. 위믹스 오션은 NFT 소비재를 적극 발굴하고 있는데 브랜드 컬래버레이션이나 사진, 예술, 방송 분야에서 NFT화할 수 있는 소재를 코디네이팅하는 기획사도 생길 수 있다. 유틸리티 NFT 제작자는 보다 확장된 개념으로 볼 수 있다. 현재 미술품 소유권, 부동산, 디지털 콘텐츠 등 많은 분야에서 NFT를 활용하는 모습이다. 이를 기술적으로 담당하는 직군들은 현재 IT업계의 개발자, 마케터, 디자이너, 기획자 직군으로 흡수될 가능성이 크다."

NFT는 희소성과 관련해 디지털 세계에서 등기권만 확보해 주는 게 아니라 새로운 직업과 새로운 수익 모델을 만들 가능성이 이처럼 큽니다. 일자리를 창출하는 비즈니스라면 그만큼 사회적으로 비판을 덜 받을 수 있습니다. 위메이드를 비롯해 NFT 게임 회사들이 장기적으로 생존할 수 있는 비결은 바로 일자리 창출에 있다고 해도 과언이 아닙니다.

국내 1위 게임 업체, 넥슨의 코인 투자

부동의 국내 1위 게임 업체는 넥슨입니다. 1997년 첫 번째 온라인 게임 '바람의 나라'를 우리에게 선보인 넥슨은 그동안 한 번도 1위를 내준 적이 없습니다. 매출이 3조 원에 이르는 회사이죠. 그런데 넥슨의 주식은 우리나라 주식 시장에서 구입할 수 없습니다. 넥슨이 일본의 주식 시장에 상장했기 때문입니다. 일본 증시에서 시가 총액이 30조 원으로 국내 어느 게임사보다 높습니다. 넥슨이 일본 시장에 상장한 것은 10년이 넘었는데 상장 당시 주가는 5.7조 원이었습니다. 무려 5배 이상 상승한 거죠. 넥슨이 일본이 아닌 미국 나스닥에 상장했으면 어땠을까 하는 궁금증도 한편으론 생기지만 일본 증시 상장은 무척 성공적이었습니다.

넥슨이 일본 시장에 상장한 이유는 두 가지였습니다. 가장 큰 이유는 더 높은 기업가치를 인정받아 공모자금을 확대하기 위함입니다. 두 번째 이유는 해당 시장을 거점으로 본격적인 투자와 사업 추진을 위해서였습니다. 게임 콘텐츠 강국인 일본 시장에 진출해 글로벌 진출의 교두보를 마련하고 글로벌 게임사들과의 경쟁에서 보다 다양한 전략을 구사하기 위함이었죠.

넥슨의 창업자 고 김정주 전 회장은 재산이 10조 원이 훌쩍 넘습니다. 지난 2021년에는 비트코인 1억 달러어치, 총 1,717개를 구입해 화제가 되었습니다. 넥슨이 밝힌 비트코인 평균 매입 단가는 개당 5만 8,226달러(당시 환율로 약 6,580만 원)입니다. 넥슨은 2020년까지는 비트코인 자산이 없었습니다. 1억 달러어치를 모두 2021년에 샀다는 얘기입니다. 넥슨 측에 따르면 한 번에 매입한 것은 아니며, 목표량을 정해 일정 기간 사들인 것으로 이른바 리스크를 줄이기 위해 분할 매수를 한 거죠. 김정주 전 회장은 비트코인을 분명한 화폐로써 인플레이션 헤지 수단으로 확신한 것 같습니다. 하지만 구입한 그해부터 하락하기 시작해 7월 22일 기준 3,000만원 대로 3,599만 원가량 떨어졌습니다. 어마어마한 손해를 봤습니다.

게임으로 번 돈을 비트코인으로 날린 셈인데, 고 김정주 전 회장은 후회를 했을까요? 제 생각에는 그렇지 않습니다. 그가 비트코인을 단타 개념으로 차익거래를 할 이유가 없습니다. 멀리 내다보고 비트코인 시장에 뛰어든 이상 장기적으로 내다봤을 겁니다. 넥슨이 암호화폐에 관심을 가진 건 오래됐습니다. 넥슨은 지난 2017년 국내 가상화폐 거래소인 코비트의 지분 65%를 인수한 바 있습니다. 그 다음 해 넥슨의 유럽 자회사는 룩셈부르크 소재 가상화폐 거래소 비트스탬프도 인수한 바 있죠. 김정주 전 회장은 게임이 아닌 암호화폐 시장에서도 넘버 원이 되고자 하는 큰 꿈을 가진 듯합니다. 블록체인은 게임에 이어 제2의 성장 동력을 갖춘 미래 먹거리라는 것이 김정주 회장의 철학입니다.

철학을 가지고 시작하는 투자자는 일시적으로 가격이 요동쳐도 마음이 흔들리지 않습니다. 어차피 멀리 보고 투자하는 것이므로 그 과정에서 깨져도 보고 그러면서 산업과 함께 성장하는 마음으로 투자에 임합니다.

국내 게임 업체 1위 넥슨과 2위 엔씨소프트는 한때 넥슨이 엔씨소프트 인수를 생각했을 정도로 친하면서도 경쟁의식이 대단한데 두 기업의 문화는 차이가 있죠.

넥슨의 김정주 전 회장은 언론 등에 노출을 극단적으로 꺼립니다. 엔씨소프트처럼 넥슨도 메이플스토리의 확률 조작 사건으로 유저들과 갈등을 빚은 적이 있습니다. 사과 차원에서 유저들과 간담회를 할 때 넥슨은 창업자나 대표가 나오지 않고 게임을 개발한 게임 디렉터가 나왔죠. 이에 대해서 유저들은 전혀 문제를 제기하지 않았습니다. 넥슨의 문화, 현장 개발자를 중시하고 이들이 결정권을 가진다는 것을 잘 알고 있었기 때문입니다.

엔씨소프트가 전형적인 중앙집권 조직이라면 넥슨은 탈중앙화된 블록체인 같은 기업 문화입니다. 김정주 전 회장이 암호화폐에 관심을 갖는 이유가 이것으로도 설명될 수 있겠죠. 김정주 회장의 갑작스런 별세로 넥슨이 블록체인 사업에 계속 뛰어들지는 지켜봐야 하겠지만 넥슨이 돈의 흐름을 그 어느 게임 업체보다 빠르게 적용해 왔다는 점에서 큰 변화는 없을 것이라고 생각합니다.

초통령 로블록스가
어른들의 대통령으로

　많은 사람이 '메타버스' 하면 미국의 게임 업체 '로블록스'를 떠올립니다. 그런데 사실 로블록스는 게임 업체라고 보기는 어렵습니다. 자체적으로 만든 게임이 하나도 없기 때문이죠. 다 유저들이 만든 게임입니다. 로블록스는 미국 어린이들 사이에서는 유튜브를 뛰어넘을 정도로 인기가 많습니다. 초등학생들의 대통령이라는 뜻에서 별명도 초통령입니다.

　게임을 하지 않더라도 로블록스에 접속해 이런저런 구경을 하기도 합니다. 자유롭게 콘텐츠를 제작하고 회사의 통제도 없다는 점에서 완전한 메타버스인 거죠. 메타버스는 사용자에게 나날이 새로운 경험을 제공한다는 점에서 게임과는 조금 차별화되는데 나날이 새로운 게임이나 구경거리가 늘어난다는 점에서 로블록스는 메타버스에 가장 가까운 서비스입니다.

로블록스는 1일 사용자가 5,000만 명에 이르고 최대 동시 접속자 수가 600만 명이 넘습니다. 회원 가입자 수는 총 8억 명에 이르고 한 달 사용자 수도 1억 6,400만 명에 달합니다. 로블록스 자체는 무료인데 아이템을 이용하거나 유료 게임을 하려면 자체 머니인 '로벅스'라는 가상화폐를 사용해야 합니다. 사실 모든 암호화폐의 원조는 게임에서 사용되는 사이버 머니입니다. 싸이월드의 도토리도 암호화폐의 또 다른 부모라고 할 수 있겠죠. 로벅스는 1로벅스에 15원입니다. 달러 혹은 유로로 환전도 가능하죠.

메타버스로 사람들의 시간을 지배하다 보니 어마어마한 상품 시장이 만들어지기도 합니다. 게임을 개발해 1년에 1억 원 이상의 수입을 올리는 헤비 유저들이 300명이 넘습니다.

누구나 로블록스가 제공하는 게임 엔진 로블릭스 스튜디오를 사용해 쉽게 만들 수 있죠. 게임으로 돈 쓰는 세상이 아니라 누구나 게임으로 돈 버는 세상P2E을 로블록스가 먼저 완성한 것입니다.

로블록스를 이용하다 보면 톡톡 튀는 개발자들의 창의성에 혀를 내두르게 됩니다. 「오징어 게임」이 히트하자 이를 패러디한 숱한 게임들이 등장한 것이 그 예입니다. 영어로 'Squid Game'을 검색하면 수백 개의 콘텐츠가 뜹니다. 그중에서 한글로 된 게임들이 많은 걸 보면 국내 유저들도 적잖이 로블록스에 빠져든 것 같습니다. 게임만 가능한 게 아닙니다. 영화 「기생충」의 집처럼 가상공간을 만들어 내부를 안내하는 서비스를 만든 사람도 있습니다.

진정한 메타버스가 완성되려면 페이스북 앱처럼 가상현실 기기와 접목되어야 합니다. 로블록스는 VR에서도 서비스를 이용할 수 있도록 웨어러블 메타버스가 출시될 예정입니다. 또한 2021년 8월에는 자체 소통 역량을 키우기 위해 소통 플랫폼 '길디드'를 인수했습니다. SNS가 메타버스로써 기능하기 위해서는 필수이기 때문이죠. 이렇게 되면 페이스북의 강력한 경쟁자가 될 수 있는 상황입니다. 플레이를 하면서 음악을 들을 수 있도록 하기 위해 소니 뮤직 엔터테인먼트와도 제휴했습니다. 이럴 경우 경쟁자는 스포티파이가 됩니다. 로블록스를 구글이나 메타, 애플 등의 업체에서 관심을 갖는 이유도 이런 확장 가능성 때문입니다.

로블록스는 2020년까지는 적자였지만 2021년도에 처음 흑자로 전환이 되었습니다. 한때 140달러까지 치솟았던 로블록스 주가는 2022년 6월 나스닥 조정기를 맞아 30달러까지 떨어지기도 했죠. 이런 상황에서 대형 플랫폼 업체들이 어쩌면 관심을 가질지도 모릅니다. 주가가 낮을 때는 인수가 그만큼 쉽기 때문이죠. 매출은 2021년보다 2022년에 20% 정도 상승해 35억 달러를 돌파

할 것으로 전망됩니다. 만약 누군가가 인수한다면 게임 업계 최대의 인수로 꼽히는 마이크로소프트의 액티비전 블리자드 인수를 뛰어넘을 수도 있습니다.

로블록스 탄생에서 재미있는 사실은 처음 게임이 아니라 교육 때문에 시작되었다는 것이죠. 2006년 세 명의 창업자가 처음에는 물리학을 쉽게 가르치는 교육 플랫폼으로 만들었습니다. 어린이들을 위한 교육 사이트로 시작해 게임 사이트로 정체성이 바뀌었는데 이는 로블록스의 강점이자 약점이 되었습니다. 유저 분포는 사용자 50%가 13세 이하이지만 50%는 청소년과 성인 유저로 성인이 점차 늘고 있는 추세입니다. 이 이야기는 두 가지 가능성을 시사합니다. 하나는 성인도 로블록스를 이용하기 시작했다는 것이고, 다른 하나는 초등학교를 졸업한다고 해서 로블록스를 졸업하는 게 아니라는 것이죠. 그렇다면 로블록스가 지금은 '초통령'이라 불리지만 대통령 급 영향력을 행사할 가능성도 커졌다는 것입니다.

레드 데드의 게임과
엑시 인피니티의 P2E

메타버스와 NFT 게임 중에서 투자자가 관심을 가져야 할 외국 게임을 하나 소개하고자 합니다. 먼저 메타버스에서 국내 게임 팬들에게는 다소 낯선 '레드 데드 리볼버'라는 게임입니다.

이 게임은 남북전쟁 무렵의 서부시대를 배경으로 한 액션 어드벤처 게임입니다. 우리나라 최고의 메타버스 전문가 김상균은 저서 『메타버스』에서 이 게임을 소개하기도 했죠. 짜릿함과 몰입감, 어려운 미션을 수백 번 실패 후 스스로의 힘으로 끝냈을 때의 희열은 정말 비교할 다른 게임을 찾기 어려울 정도입니다.

이 게임을 개발한 회사는 미국인들이 가장 좋아하는 국민 게임 GTA 시리즈를 개발한 '록스타 게임즈'입니다. 이 게임을 시리즈로 만들고 그중에서 온라인 게임으로 제작한 버전이 있습니다. 김상균 저자는 이 온라인 게임을 메타버스의 전형적 사례로 제시합니다. 비디오 게임에서는 미션이란 게 있습니다. 은행 털기, 열차에서 금괴 훔치기, 사냥하기, 결투에서 이기기, 인디언과 싸우기, 현상금 수배자 잡기 등 서부 영화의 주인공이 되는 경험을 합니다.

그런데 온라인 게임에는 유랑 모드라는 게 있습니다. 이곳에서는 어떤 특별한 미션이 없는 상태에서 서부시대로 돌아가 무법자의 삶을 마음대로 살아갈 수 있습니다. 게임인 줄 알고 구매했던 사용자들이 이게 게임이 아니라 서부시대의 삶을 시뮬레이션(아바타를 통한 간접경험)하는 메타버스라는 걸 나중에 알게 되는 거죠.

여기서 우리는 왜 서부시대가 미국인들의 메타버스가 될 수 있었는지 맥락을 파악해야 합니다. 미국인들에게 서부는 일본인들에게 에도시대의 사무라이와 비슷한 시간대입니다. 무법천지에서 오로지 자신의 총에 목숨을 의지하고 살얼음판을 밟듯이 살아가던 삶을 미국인들은 그리워하고 동경합니다. 미국의 총기 문화전통과 식사 테이블 매너(항상 상대에게 두 손을 들어 총을 소지하고 있지 않음을 보여 준 뒤 식사하는 습관) 등은 모두 서부시대 때 완성된 겁니다.

서부시대가 메타버스로 이상적이라는 사실은 미국 드라마를 통해서도 알 수 있습니다. 넷플릭스가 나오기 전 가장 잘나갔던 영화 전문 케이블TV HBO의 시리즈 「웨스트 월드」의 인기는 미국인들이 얼마나 서부시대에 매료돼 있는지 잘 보여 줍니다. 「쥬라기 공원」의 원작자 마이클 클라이튼의 원작 소설을 TV 시리즈화한 이 드라마는 인공지능 로봇이 서부시대를 완벽히 재현합니다.

그러고 보면 미국인들은 은근 무정부주의자들이 많습니다. 아니 정확히는 중앙에 집중된 권력을 혐오하는 경향이 강합니다. 그래서 비트코인 문화가 미국에서는 자연스럽게 받아들여지고 있지만 중국은 중앙정부가 강력하게 규제를 하고 있죠. 무정부는 무질서, 무질서는 가혹한 정치보다 더 무서운 존재라는 사실을 긴 역사를 통해서 배웠기 때문이죠. 미국에서는 서부시대의 무정부주의를 낭만적으로 받아들이는 정서가 아직도 강합니다.

메타버스가 게임에서 자리를 잡으려면 지금의 20~30대 세대가 나이가 들어서도 계속할 수 있는 성인용 게임이 개발돼야 합니다. MMORPG의 판타지는 성인 남성들을 메타버스에 붙잡아 두는 데 분명 한계가 있죠. 게임 속에서는 모든 게 가능한 미국과는 달리 도덕성에서 완전히 자유롭지 못한 우리나라는 성적인 부분에서 선을 넘지 않는 범위 내에서 우리만의 '레드 데드 온라인' 같은 메타버스가 필요합니다. 물론 이러한 게임을 청소년들이 이용할 수도 있고 게임과 현실을 구분하지 못한 일부 유저들의 모방 범죄로 이어질 수 있다고 지적할 수 있지만 게임보다 훨씬 더 잔인하고 선정적인 GTA도 우리나라에 공식 출시될 정도로 우리나라 게임 문화도 성숙해졌습니다.

우리에게 미국의 서부시대같이 매력적인 시간대는 언제일까요? 저는 1920~30년대 만주에서 독립 운동을 하던 우리 선조의 삶이 한국판 '레드 데드 리볼버'를 만들 수 있는 최고의 메타버스라고 생각됩니다. 서부 영화 「좋은 놈, 나쁜 놈, 비열한 놈」을 한국식으로 재해석한 김지운 감독의 「놈놈놈」 같은 세상을 실제로 살아 보는 거죠. 독립군이 되어 일본군과 싸울 수도 있고 테러리스트가 되어 친일파를 처단할 수도 있고 그냥 평범한 소시민으로 1930년대 경성의 모던을 즐길 수도 있습니다.

이제는 NFT 게임입니다. NFT 게임 중에서 국내 투자자가 가장 관심을 가져야 할 게임은 미국이나 일본 같은 게임 선진국이 아니라 베트남의 한 벤처 기업이 만든 '엑시 인피니티'라는 게임입니다. 이 게임은 사용자가 150만 명이 넘는데 거의 동남아시안들로 이들은 주로 게임을 즐기기보다는 돈을 벌기 위해서라고 합니다.

이 게임은 이더리움과 블록체인 기반 게임으로 '엑시AXIE'라는 이름의 캐릭터를 교배해 2세를 탄생시킨 뒤 이를 성장시켜 돈을 받고 다른 게이머에게 판매하는 구조입니다. 게이머들은 게임을 하면서 미션을 수행하고 그때마다 엑시라는 가상화폐를 받게 되는데, 이를 애완동물을 사는 데 쓰죠. 그리고 휴대전화상에서 이 동물을 정성스레 키우고 나중에 비싼 값으로 되팔면서 수익을 창출합니다. 가장 비싸게 팔린 캐릭터가 82만 달러라고 하니 동남아에서는 집을 10채도 살 수 있을 만큼 큰 수익을 낸 것입니다.

지금은 동남아에서 코로나로 실직자가 된 이들이 대중들이 좋아하는 스타일로 캐릭터를 키운 뒤 시장의 논리에 따른 거래 형성으로 게임 자체가 하나의 경제 구조를 이루었습니다.

아직 신흥국 수준에 있는 사람들이라면 게임을 하면서 자본주의 경제의 작동 원리를 공부할 수도 있습니다. 이런 식으로 블록체인 기반의 게임은 생활에 밀착된 게임이 될 가능성이 큽니다. 드래곤이나 기사와 공주가 나오는 게임들이 주로 NFT화되고 있지만 이렇게 우리 삶의 현실에 확실하게 두 발을 딛고 서 있는 현실적인 게임이 좀 더 NFT와 궁합이 잘 맞는다고 생각합니다. 물론 우리는 아직 현행법상 게임을 하면서 돈을 거래할 수는 없기 때문에 '엑시 인피니티' 같은 게임이 나오려면 시간이 필요할 것 같습니다.

세계적인 스타트업을 발굴 육성하기 위해 만든 삼성넥스트에 '엑시 인피니티'도 포함되어 있습니다. 삼성전자가 투자하는 기업이니 더욱더 관심을 가질 만하죠.

'미르4'에 이어 등장한 국내 NFT 게임들을 살펴보면 생활밀착형이 아닌 전통 MMORPG의 캐릭터 구성과 스킨 및 아이템을 NFT 마켓플레이스에서 거래하는 방식으로 전개됩니다. 올해 초 론칭한 '리그 오브 레전드'를 벤치마킹한 '리그 오브 에인션트'로 게임을 수행하며 게임 머니인 LOA를 받고 이를 마켓플레이스에서 환전하는 방식입니다.

우리에게 친숙한 형태의 게임을 빌려 NFT 대중화를 먼저 시도한 뒤 법령이 바뀌면 우리도 엑시 인피티니 같은 본격적인 생활밀착형 게임을 개발할 것으로 보입니다. '리그 오브 킹덤즈'라는 세계 최초 탈중앙화 MMO 전략 게임도 우리나라에서 나왔습니다.

게임 속의 세계는 유저가 소유하고, 유저에 의해 운영됩니다. 유저들과 함께 제네시스 대륙을 통치하는 게임으로 스킬을 구입하여 캐릭터의 능력치를 업그레이드하고 미션인 보물찾기를 실행하면 보답이 따릅니다. 게이머들은 게임의 자산인 랜드라는 가상의 부동산을 구매한 뒤 이를 ERC 721 규약을 통해 이더리움 기반의 NFT로 발행할 수 있습니다. 물론 게임 내에서는 어렵지만 마켓플레이스에서는 거래가 가능하겠죠. 현재까지 2편의 RPG와 한 편의 전략 시뮬레이션 게임이 나와 있고 이 목록은 올해 계속 늘어날 전망입니다.

펄어비스의 '도깨비'와
메타버스

게임기업 펄어비스가 '도깨비'를 메타버스 게임으로 만든다고 할 때 처음에는 tvN의 인기 드라마 「도깨비」를 소재로 삼을 것이라고 생각했습니다. 드라마와 영화를 게임으로 만드는 경우가 많기 때문이죠. 그렇지만 드라마와 영화의 전개 방식과 게임은 분명 다르기 때문에 드라마의 인기가 반드시 게임의 인기를 보장하는 것은 아닙니다. 반대로 게임을 영화나 드라마화해도 어색함은 피할 수 없죠. 펄어비스의 도깨비 게임은 이름만 같고 내용과 전개는 전혀 다른 게임입니다. 우리나라 전통 설화에 나오는 도깨비로 게이머가 수집해야 하는 아이템이 도깨비이기도 하죠.

이 게임은 우리나라가 세계에서 최고의 경쟁력을 가진 MMORPG가 아닌 오픈 월드 액션 어드벤처 게임으로 선보일 예정입니다.

미국인들이 메타버스 게임으로 좋아하는 레드 데드 온라인이나 GTA 같은 형식을 지향하는 것이죠. 메타버스 게임은 게이머에게 자유도를 주고 마음대로 게임 플레이를 하면서 실제처럼 가상세계에서 살아가고 싶은 인간의 욕망을 채워 줍니다.

메타버스는 아바타가 필수로 도깨비 게임에서도 자신의 아바타를 다양하게 꾸밀 수 있죠. 우리나라를 배경으로 한(한국의 집 등 전통적인 가옥과 현대물이 현실적으로 등장한다) 가상세계에서 친구들과 놀다가 특정 조건이 되면 도깨비와 동료가 되어 함께 몬스터를 물리치기도 합니다. 이 게임은 GTA보다 훨씬 순화된 내용으로 온 가족이 함께 즐길 수 있는 게임이며, PC 게임과 콘솔 게임이 동시에 발매될 예정입니다. 이 게임의 한 가지 특징은 가장 뜨고 있는 플랫폼인 모바일 방식을 지원하지 않는다는 것입니다. 사용자가 TV나 모니터처럼 몰입도가 높은 디스플레이에서 가상세계를 현실처럼 즐길 수 있도록 만든 것이죠.

전문가들은 XR 장비를 이용해 게임할 수 있도록 지원함으로써 완벽한 현실감을 바탕으로 사람들이 진정한 메타버스를 누리도록 진화할 것으로 내다보고 있습니다. 사실상 펄어비스의 '도깨비'는 첫 번째 진정한 국내 메타버스 게임이 될 가능성이 큽니다.

2020년에 정부가 발표한 BBIG 지수에는 게임 업체로 엔씨소프트와 넷마블, 펄어비스가 꼽혔죠. 게임 업체 3위인 넷마블은 왜 NFT나 메타버스에 대해서는 투자하지 않는 걸까요? 일단 넷마블은 2021년에 오프라인으로 사업을 확장해서 코웨이 정수기를 합병하는 데 회사의 주력을 쏟아부은 느낌입니다. 아직 NFT에는 공식적인 반응을 보이지 않고 있습니다. 그렇지만 메타버스에 미래회사의 사운이 걸려 있다는 생각으로 자회사 메타버스 엔터테인먼트를 설립하여 메타버스는 물론 향후 떠오를 메타휴먼에서 승자가 되겠다는 야심을 품고 있는 것 같습니다.

국내 게임 중 미국 게이머들에게 가장 사랑받는 게임은 크래프톤의 '배틀그라운드'입니다. 우리나라보다 미국이나 유럽에서 더 유명한 게임사입니다. 지난 2021년 상장한 크래프톤은 시가 총액이 엔씨소프트에 거의 맞먹을 정도로 성장했습니다. 배틀그라운드는 MMOG(다중 접속 슈팅 게임)로 게임 마니아들은 메타버스로 구현되면 가장 성공적일 것으로 기대하고 있습니다. 게임에서는 가상공간이 게이머들의 전쟁터로 등장하는데 배경이 현실을 스캔한 일종의 증강현실 게임이 되면 그 게임은 tvN의 인기 드라마였던 「알함브라 궁전의 추억」과 거의 유사하게 현실감과 몰입감이 압도적으로 높아질 것으로 보이기 때문입니다.

게임 업계 5위권 안에 들고 주로 모바일 게임에서 압도적인 경쟁력을 갖춘 컴투스는 어떤 태도를 보일까요? 모바일 게임으로 메타버스를 구현하기가 기술적으로는 아직 시기상조입니다. 메타버스는 앞서 말한 대로 기반 기술과 반드시 속도를 맞추어야 하기 때문이죠. 따라서 컴투스는 근미래 모바일 게임으로도 현실감을 생생하게 느낄 수 있는 시대가 오도록 기반 기술에 투자하고 있습니다.

그 일환으로 드라마 특수 효과로 유명한 위즈윅 스튜디오를 인수했습니다. 메타버스의 대표주로 K드라마 시장의 주역인 위즈윅 스튜디오를 게임 업계 5위 정도의 업체가 인수할 정도로 게임 시장이 힘이 셉니다. 증시에는 상장되지 않은 게임사들인 IMG게임스, 유티플러스, 브이에이코퍼레이션 등은 각각 디씨인사이드와 메타버스 플랫폼 개발, 기존의 샌드박스 게임을 전시 공간 대여 및 교육 등 가상현실 사업으로 확장, VFX 자회사 모팩을 중심으로 메타버스 콘텐츠 제작 등의 관련 사업을 벌이고 있습니다. 이들 기업들도 언젠가는 상장될 것이므로 메타버스에서 돈을 벌 기회를 노리는 투자자라면 반드시 관심을 두고 지켜볼 필요가 있습니다.

마이크로소프트의
액티비전 블리자드 인수 이유

애플과 함께 세계 시가 총액 1~2위를 다투는 마이크로소프트는 2022년 상반기 최대의 뉴스를 생산했습니다. 마이크로소프트는 우리나라 시각으로 2022년 1월 18일 자사가 687억 달러(약 82조 원)에 액티비전 블리자드를 인수했다고 발표했습니다. 매입가는 액티비전 블리자드의 2022년 1월 14일 금요일 주가에 45%의 프리미엄이 붙은 가격(1월 18일 미국 나스닥 지수는 2.57% 급락했지만 이 소식으로 액티비전 블리자드의 주가는 28% 급상승했다. 경쟁사로 이미 VR 게임에 진출한 소니는 당일 일본 증시에서 15% 이상 급락)이며 인수는 회계연도 기준 2023년인 2022년 7월 1일~2023년 6월 30일에 마무리가 됩니다.

이는 마이크로소프트의 역사상 최대 M&A로, 이전 최대 규모의 인수가였던 링크드인LinkedIn을 인수할 때 기록한 31조 원의 2

배가 넘는 엄청난 금액입니다. 또한 게임산업 역대 최대 M&A이기도 한데, 이전 최고 기록은 GTA 시리즈로 유명한 테이크 투 인터랙티브의 징가 인수로 매입가는 127억 달러였습니다.

마이크로소프트가 액티비전 블리자드를 인수한 이유는 두 가지입니다. 하나는 기존의 엑스박스 사업부가 비디오 게임 시장에서 소니와 치열한 선두 다툼을 벌였지만 PC와 모바일 게임에서는 절대 강자가 아니었죠. 특히 중국 텐센트의 강력한 도전이 있었습니다. 액티비전 블리자드는 제2차 세계대전을 배경으로 한 1인칭 슈팅 게임 '콜 오브 듀티'(전 세계적으로 4억 장이 팔린 슈퍼 베스트셀러)와 우리나라 국민 게임 스타크래프트 그리고 역시 우리나라 국민 RPG 게임으로 불리는 '워 크래프트' 등의 판권을 갖고 있는 세계 최대의 게임 소프트웨어 업체입니다. 둠, 퀘이크, 울펜슈타인, 오버워치 등 게임 마니아가 열광하는 타이틀도 다수 보유하고 있죠. 그리고 모바일 게임으로는 블리자드가 중국의 넷이즈와 함께 개발한 디아블로 이모탈이 있습니다.

다른 하나는 기존의 콘솔 게임인 엑스박스의 매출에 날개를 달아 주기 위해서입니다. 1년에 150억 달러 매출을 올리는 엑스박스 사업에는 미국과 일본의 거의 모든 게임 회사들이 좋은 게임을 공급해 왔고 블리자드도 콜 오브 듀티 시리즈를 제공하고 있지만 스타크래프트, 월드 오브 워크래프트 등 블리자드의 게임은 주로 PC 게임이 많았습니다. PC 게임 외에 콘솔 게임의 리스트를 더욱 늘려서 엑스박스 타이틀의 포트폴리오를 다변화하려는 것이 첫 번째 의도입니다. 두 번째는 마이크로소프트가 애플, 메타와 진검 승부를 벌이는 메타버스에서 교두보를 확보하려는 전략입니다. 저는 이게 진짜 이유라고 생각합니다.

마이크로소프트의 메타버스 진출은 CEO 사티아 나델라가 회사의 미래를 걸고 있는 분야입니다. 나델라는 2021년 6월 'What's next for gaming' 브리핑에서 "많은 게임이 메타버스 사회 및 경제로 진화해 가는 모습이 자랑스럽다."라고 말했습니다. 또 11월엔 블룸버그 TV와의 인터뷰에서 '박스 게임이 MS 메타버스의 핵심'이라고 강조하기도 했죠. 나델라는 블리자드 인수 발표 직후에도 '게임은 메타버스 플랫폼 개발에서도 핵심적인 역할을 한다'고 언급하기도 했습니다.

마이크로소프트는 애플이나 페이스북과 달리 메타버스를 게임 플랫폼으로 인식하고 있습니다. 엑스박스 이용자의 커뮤니티 게임패스의 구독자는 1,800만 명 수준입니다. 그런데 이날 액티비전 블리자드 인수를 발표하면서 '게임패스 구독자가 2,500만 명'이라고 발표한 바 있습니다. 윈도우나 오피스보다 더 빠른 신장세를 보이고 있는 분야가 바로 게임이고, 이를 커뮤니티와 연결시켜 독자적인 경제활동이 가능한 수준까지 진화시킨다는 것이 나델라의 원대한 계획이죠. 그런데 일각에서는 메타버스에서 마이크로소프트가 메타나 애플에 비해 밀릴 거라는 주장도 있습니다.

그 이유는 바로 하드웨어 때문이죠. MS와 블리자드 모두 VR 헤드셋을 갖고 있지 못한 점 역시 '메타버스 퍼스트'를 주장하기엔 다소 아쉬운 부분이라고 미국의 컴퓨터 전문 언론사인 '씨넷'이 비판하기도 했습니다. 그러나 탄탄한 MS사로서는 이 문제도 수월하게 해결할 수 있는 문제로 보입니다. 얼마든지 기술 있는 업체를 인수할 수 있기 때문이죠. 그리고 MS가 완벽한 VR 기기까지는 아니지만, 홀로그램 사업에도 이미 진출했다는 점을 고려해야 합니다. MS는 이미 홀로그램 렌즈를 개발해 MR(혼합현실) 시장에서는 강자가 되어 있습니다.

MS는 2014년 영화 「킹스맨」에서 나온 홀로그램을 이용해 서로 다른 장소의 사람들이 마치 한 자리에 모여 회의하는 상황을 연출한 바 있습니다. 이를 '홀로포테이션'이라고 부릅니다. 마이크로소프트의 메타버스 시장은 게임이 아닌 기업용 가상회의 시장으로 디지털 아바타로 각 팀들이 회의에 참여하고 협력할 수 있는 기능을 올해 출시합니다. 가상회의를 할 때 실제와 비슷한 아바타를 등장시켜 몰입감을 높이는 기술이죠. 줌(ZOOM)에는 강력한 경쟁자가 생기는 셈입니다. 결국 메타버스 시장에서 애플과 페이스북 그리고 마이크로소프트의 삼국지가 전개될 것으로 예상됩니다.

한국의 웹툰 vs.
일본의 망가

1,000만 관객을 연이어 동원한 영화 「신과 함께」 시리즈, 넷플릭스 시리즈물인 「오징어 게임」의 뒤를 이어 세계 순위 1위를 두 번째로 기록한 「지옥」, 세 번째로 세계 순위 1위를 기록한 「지금 우리 학교는」의 공통점은 무엇일까요? 바로 원작이 있고, 원작이 소설이 아닌 웹툰이라는 사실입니다.

웹툰 시장이 무섭게 성장하고 있습니다. 2021년도에는 드디어 매출 1조 원을 돌파했습니다. 전년도 6,400억 원 대비 거의 성장률이 60%에 이릅니다. 성장률만 따지면 음악, 영화, 게임을 모두 뛰어넘는 압도적인 기록입니다.

저는 웹툰의 성장을 교육 현장에서 피부로 느꼈습니다. 전에는 학생들이 연예인을 많이 희망했다면 요즘은 웹툰 작가가 그 자리를 꿰차고 올라왔습니다. 연예인이 되기란 너무 어려운 길 같지만 웹툰 작가는 미술에 소질이 약간만 있다면 열심히 공부하고 연구해서 노력한 만큼 성공할 수 있다고 믿는 고등학생들이 의외로 많습니다. 실제 이들 학생들을 위한 웹툰 관련 학과도 늘어나고 있습니다. 부모 입장에서는 다소 걱정스러운 생각도 들겠지만 사실 환영할 만한 일입니다. 그 학생들이 대학을 나와 사회에 진출할 때 웹툰 시장과 위상은 지금과는 비교가 안 될 정도로 커질 것이기 때문입니다.

언어학자 김성우 씨와 사회학자 엄기호 씨가 공동으로 저술한 『유튜브는 책을 집어 삼킬 것인가』에서는 웹툰의 특징을 이렇게 서술하고 있습니다.

"사람들이 한결같이 하는 말이, 책은 옆으로 보는데 웹툰은 아래로 내리면서 보게 되니 속도랑 시선 두는 곳이 달라지면서 이야기 흐름도 다르게 느껴진다고 해요. 그렇기 때문에 구성의 의미도 달라지고 그 의미를 구성하는 사람의 감각도 달라지죠. 이게 이미 텍스트의 내용에 대한 이해를 넘어 텍스트가 담긴 세계를 이해하는 것이 되겠죠. 그 매체에 의해 나의 감각과 이해가 어떻게 달라지는지를 관찰하며 자기에 대한 앎에 도달하게 될 거예요. 소크라테스가 말한 것처럼, 결국 현실은 자기에 대한 앎에 이르는 것입니다."

결국 웹툰은 소비자들에게 뭔가 다른 것을 선사하기 때문에 이렇게 가파르게 성장하는 겁니다. 한국 웹툰에 대해서 전문가들이 이구동성으로 이야기하는 것은 단순한 양적 성장뿐 아니라 질적인 성장도 같이 이뤄지고 있다는 것입니다. 재미만 있는 게 아니라 메시지도 분명하고 가벼우면서도 진지합니다. 가벼움은 감각에서 느껴지지만, 그 의미의 무게와 정체성에 대한 진지한 고민은 웹툰을 철학적으로 포장합니다. 언뜻 보면 좀비물과 B급 호러라는 장르에 심취해 있는 것 같지만 곳곳에는 세태에 대한 풍자와 삶과 존재에 대한 성찰이 엿보이는 작품이 많습니다. 일상적인 가벼운 재미를 추구하는 작품도 있지만 외모 지상주의에 대한 비판, 노동자의 권리에 대한 옹호, 청년 실업에 대한 이야기도 다룹니다. 과거보다 스펙트럼이 다양해졌죠. 그동안은 지식인들의 관심사가 주로 책과 영화였다면 이젠 지식인들도 웹툰을 보고 전문적인 평가를 할 정도로 위상이 높아졌습니다.

우리나라의 웹툰은 사실상 책을 서서히 대체하는 중입니다. 물론 유튜브 같은 영상 매체를 따라잡지는 못하겠지만 웹툰 시장이 전체 출판 시장에서 단행본을 따라 잡는 것은 시간 문제입니다.

웹툰 시장에 투자자가 주목해야 할 이유는 구독층입니다. 웹툰을 연령대별로 나누어 보면 20대와 30대의 점유율 합계가 80%에 이릅니다. 영화, 음악, 게임 중에서 어찌 보면 음악 다음으로 그 대상이 젊죠. 이들은 종이로 보는 만화책 이전에 웹툰과 먼저 친숙해진 세대고 30~40대가 되어도 계속해서 웹툰을 선호할 겁니다. 웹툰에 익숙한 세대가 나이가 들었다고 종이책으로 취향을 바꾸지는 않을 테니까요.

우리나라의 세계 최초(실제 네이버는 2010년에 웹툰을 상표 등록하려고 했다)이자 세계 최강인 웹툰이 넘사벽으로 생각되는 일본의 망가 시장과 한판 승부를 벌일 날이 언젠가는 올 거라고 생각합니다. 웹툰 업계 1위인 '네이버 웹툰'의 글로벌 MAU(월간 사용자)는 7,200만 명으로 우리나라 인구보다 많습니다. 실제 사용자는 우리나라 구독자 다음으로 일본인이 많다고 합니다. 일본은 전통 종이 만화의 세계 최강국인데도 말이지요. 반면 2위 카카오는 미국 쪽에서 선전 중입니다. 북미의 웹툰 플랫폼 타파스에 공급된 카카오의 작품은 50여 개로 작품 수 기준으론 0.1% 정도지만 매출 비중은 50%에 이릅니다.

웹툰의 진정한 경쟁자는 일본 '망가'가 아니라 미국의 넷플릭스가 될 확률이 높습니다. 결국 인터넷에 접속해서 모든 것, 특히 문화적 체험을 해결하려는 분위기가 주류 흐름입니다. 종이책으로 소설이나 만화를 보다가 웹툰으로 이동하는 게 아니라 웹에 접속한 상태에서 넷플릭스로 긴 시간을 투자해 영화나 드라마를 볼 것인가, 아니면 짧게 웹툰으로 시간을 조각내서 보낼 것인가의 고민을 하게 되는 것이죠. 그런 면에서 웹툰은 게임과는 경쟁관계라기보다 공생 관계입니다. 게임을 하는 유저들은 게임을 하다 잠시 쉴 때 웹툰을 보는 문화에 길들여졌습니다.

결국 제한된 시간에서 가장 긴 시간을 게임에 투자할 것인가, 영화에 투자할 것인가를 먼저 고민한 뒤 틈새에 웹툰에 투자할 시간을 적절하게 넣고, 그 비중을 크게 확대하는 추세입니다. 공교롭게도 넷플릭스 성공작들 중에 웹툰이 많은 편으로 웹툰의 성공에 넷플릭스가 기여한 바가 크죠. 넷플릭스 영화나 드라마를 보고 궁금해져서 원작을 찾아보는 사람들도 상당히 많습니다.

그러나 웹툰이 지금보다 더욱 시장이 커져서 넷플릭스를 위협한다면 그때는 견제에 들어갈 수도 있을 것 같습니다. 물론 소재가 좋으면 웹툰이든 소설이든 넷플릭스가 가릴 리가 없지만, 넷플릭스는 우리나라 시장을 잘 알고 있기에 웹툰이 게임에 이어 강력한 경쟁자가 될 것을 언젠가는 알아차리겠죠. 그러면 시장은 더욱더 커질 것입니다.

문화의 세계에서는 특히 시간이 돈입니다. 투자자는 소비자들이 사용하는 시간이 늘어나는 만큼 웹툰에도 게임이나 영화 못지않게 관심을 가지면 언젠가는 수익률로 보답받을 것입니다.

네이버와 카카오의
진검승부

앞서 살펴본 대로 웹툰 시장의 1위와 2위는 네이버와 카카오입니다. 이들은 웹툰뿐 아니라 메타버스에서도 진검승부를 벌이고 있죠. 메타버스에서 시작된 전면전이 NFT로 확대되면서 시장의 파이를 키우고 한국 문화 상품의 경쟁력을 끌어올리고 있습니다.

네이버는 국내 최초로 메타버스 '제페토'를 론칭했습니다. 이미 사용자 숫자가 2억 4,000만 명(2억 명은 중국인과 일본인 유저)에 이르는 최대 메타버스이죠. 제페토는 이미 메타버스로 여러 차례 주목을 받았습니다. 블랙핑크(정확히는 블랙핑크의 아바타)의 멤버들이 가상공간에서 AR 기술을 이용해 팬들과 사진을 찍고 사인을 주고받는 이벤트를 선보였습니다. 팬 사인회 참가자가 믿기지 않을 정도로 많은 4,500만 명이나 되었습니다. 제페토 아바타로 구성된 아이스크림 댄스 페스티벌 뮤직비디오는 유튜브 업로드 한 달 만에 7,200만 조회수를 기록하기도 했으며, 2021년 2월에는 '잇지ITZY'의 팬미팅에 누적 680만 명이 참가했습니다.

제페토는 '젬'이라는 가상화폐를 발행해 이 젬으로 서비스를 이용할 수도 있고 환금도 가능합니다. 네이버는 전사적 차원에서 제페토를 미국 실리콘밸리 기업들도 부러워할 메타버스로 키우겠다는 의지로 가득 차 있습니다.

네이버를 반드시 꺾고자 하는 카카오톡은 어떤 전략으로 메타버스 전쟁에 임할까요? 역시 자회사들이 나섰습니다. 시장 선두주자인 네이버를 꺾기 위해 합종연행으로 카카오엔터테인먼트가 넷마블을 메타버스 자회사에 전략적 투자자로 참여시켰습니다. 넷마블의 캐릭터 지식재산권IP 개발력을 토대로, 메타버스 세계의 또 다른 자아인 아바타를 활용하기 위한 초석을 먼저 다지겠다는 뜻입니다. 카카오엔터는 음악 플랫폼 멜론과 함께, 보유한 웹툰·웹소설의 지적재산권으로 인기 웹툰 주인공을 내세워 아바타로 만들면서 경쟁력을 확장할 것으로 업계는 추측합니다.

다음은 게임입니다. 가상·증강현실VR·AR 기술을 활용한다는 점에서 메타버스와 게임은 공통분모가 많습니다. 이번에 발족한 메타버스협회에 카카오게임즈를 내세운 점도, 게임으로 '카카오판' 메타버스 사업을 구현해 경쟁력을 확보하겠다는 전략입니다. 이처럼 카카오는 사업별로 힘을 키워 하나의 메타버스를 만들겠다는 구상을 하고 있습니다.

누가 최종 승자가 될까요? 메타버스는 확실히 네이버가 우세하지만 NFT는 카카오가 우세하다는 평가가 지배적입니다. 카카오의 NFT 마켓플레이스 클립드롭스Klip Drops에서는 하루 단 한 명의 크리에이터 작품만 공개됩니다. 전문가들이 큐레이션한 검증된 작품을 NFT를 통해 만나볼 수 있습니다. 클립드롭스는 다른 NFT 마켓들과 비교해 접근성이 최대 강점입니다. 블록체인을 기반으로 한 카카오톡 클립을 통해 로그인하고, NFT 거래에 필요한 카카오톡의 자체 암호화폐 클레이를 보관할 수 있습니다.

카카오 클립드롭스에 대한 관심도 뜨겁습니다. 웹툰 「나 혼자만 레벨업」 소재의 NFT는 1분 만에 1억 1,000만 원어치가 완판됐습니다. 2021년 7월 론칭한 지 6개월 만에 판매액 100억 원을 돌파한 것이지요.

네이버는 전에는 자회사였고 지금은 관계사인 '라인'을 중심으로 NFT 사업 재편에 박차를 가하고 있습니다. 라인은 2021년 12월 NFT 법인 '라인 넥스트'를 한국과 미국에 각각 설립했습니다. 한국 법인은 블록체인 플랫폼 전략·기획을, 미국 법인은 글로벌 NFT 플랫폼 사업 운영을 담당합니다. 미국 법인 주도로 서비스될 NFT 플랫폼을 통해 다양한 국가·지역의 기업과 크리에이터가 쉽게 NFT 마켓과 서비스를 구축하도록 지원하고, 일반 사용자들이

NFT를 거래하거나 커뮤니티를 형성할 수 있는 생태계도 조성할 계획입니다. 확실히 네이버는 생태계 구축을 목표로 하는 분위기입니다.

이에 더해 라인은 올해 봄, 일본에서 NFT 마켓인 '라인 NFT'를 정식 출시할 계획으로 현재 베타테스트 중입니다. 라인 NFT는 라인 블록체인 바탕의 NFT 아이템을 거래하는 기능으로, 정식 출시 후에는 라인 NFT를 따로 분리해 NFT 거래 서비스를 본격화한다는 방침입니다. 이용자 간 NFT 상품 거래 기능도 추가합니다. 라인 메신저와 연동해, 보다 편리하게 메신저 친구와 NFT를 교환할 수도 있습니다. 라인이 NFT를 할 때 최고의 장점은 라인의 소유자인 소프트뱅크 손정의 전 회장의 절대적인 지지를 끌어낼 수 있다는 점이지요.

또한 네이버는 네이버 제페토 NFT, 라인프렌즈 NFT 발행 등 이용자들이 친숙한 서비스에 NFT를 접목하며 전력을 가하고 있습니다. 경험의 다양화로 오랜 기간 블록체인과 NFT에 도전한 카카오톡을 따라잡겠다는 의지죠. 태국처럼 라인 사용자가 많은 나라에서도 NFT 사업이 가능할 전망입니다.

네이버는 중앙집권적 조직이 아닙니다. DAO^{Decentralized Autonomous Organization}라고 불리는 탈중앙화된 자율조직으로 팀장들이 각각의 권한을 행사하는 곳입니다. 어찌 보면 늦게 시작한 NFT에서도 네이버의 이런 강점이 충분히 발휘될 전망입니다. 반면 카카오톡은 서비스를 쪼개 분산시킨 뒤 상장하고 지주회사 카카오톡의 철저한 통제를 받고 있는 중앙집권형 구조입니다. 두 그룹 모두 투자 대상으로 적격이지만 둘 중에 하나를 고르라면 네이버의 우세를 예상합니다.

에필로그

새로운 부의 흐름을 잡아라

대한민국이 새로운 선장을 맞았습니다. 앞으로 5년 동안 어떻게 발전할까요? 대선 기간에 모든 후보는 2030세대의 표를 의식해 앞다투어 메타버스와 NFT 공약을 발표했고 이에 따라 K드라마, K팝, K게임은 계속해서 발전해 나갈 것입니다. 이미 문재인 정부에서는 메타버스 스타트업 기업을 키우고 우리나라를 메타버스 허브로 키우겠다는 야심찬 계획을 발표했습니다. 국민들에게 NFT 바우처를 나눠줘 NFT 투자에 적극 나서도록 지원할 예정이라고 합니다. 새 정부 또한 이 노선을 이어갈 것으로 보입니다.

이 책을 끝까지 읽었다면 메타버스와 NFT 그리고 암호화폐가 우리 미래의 먹거리 산업이 될 수 있다는 것을 의심하거나 정치적인 리스크를 걱정하지는 않을 겁니다.

대개의 걱정은 두 가지로 압축됩니다. 과거 PDA와 3D TV가 그러했듯이 메타버스도 휘황찬란한 미래를 그리다가 조용히 사라지는 건 아닐까? NFT는 저작권과 소유권의 충돌이라는 법률상 난제를 어떻게 해결할까?

먼저 메타버스의 미래를 그려 보면 반드시 기반 기술이 되는

VR이나 AR 혹은 XR 기술과 보조를 맞추는 것이 중요합니다. 현재는 메타버스가 기술을 앞서서 견인하는 중입니다. 가상 현상을 현실처럼 느낄 수 있는 기기, 그것도 거추장스럽고 무거운 HMD(헤드 마운티드 디스플레이) 대신 안경과 비슷한 스마트 글래스 같은 가상현실 기기가 등장해야 합니다. 현재 이 기술을 선점하는 기업은 VR에서는 미국의 메타플랫폼스이며 AR에서는 애플의 AR키트와 구글의 AR코어입니다. 애플은 AR에서 한 걸음 더 나아가 2023년까지 아이폰에 필적하는 VR 기기 개발을 목표로 하고 있습니다.

세계에서 제일 잘나가는 기업 세 곳이 메타버스 성공의 열쇠를 쥐고 있는 가상현실과 증강현실 기계에 적극적으로 투자하고 있음은 무엇을 의미할까요? PDA가 스마트폰에 대체된 것은 애플이라는 하드웨어 1등 기업이 스마트폰에 달려들었기 때문이죠. 물론 3D TV는 삼성전자와 LG전자가 달려들었는데 왜 실패했느냐고 물으면 전문가들은 특수 안경의 불편함을 가장 큰 이유로 꼽았습니다. 당시 3D TV로 볼 수 있는 콘텐츠가 부족했던 점도 이유 중의 하나입니다. 사업이 돈 되는 방향으로 흐르려면 반 발짝만 앞서야 하는데 3D TV는 한 발짝 앞서간 셈이죠. 영화 「아바타」로 흥분한 하드웨어 업체들만 적극적으로 나섰죠. 지금은 소프트웨어가 먼저 움직이고 하드웨어가 따라가면서 반 발짝 앞서서 보조를 맞추는 상황입니다. 그래서 메타버스는 3D TV와 달리 성공하는 쪽으로 베팅하고 싶어 합니다. 현재 속도라면 메타버스를 완전히 현실과 똑같이 인식하는 기술을 위해 꼭 필요한 전신 햅틱 슈트를 10년 안에 선보일 것 같습니다.

NFT는 기술적인 문제가 아니라 법률적인 문제가 관건입니다. 2021년 6월 국내에서 진행된 이중섭의 「황소」와 김환기의 「전면점화-무제」의 디지털 예술품에 대해서 NFT 경매가 소유권자의 동의를 받아 진행되었다가 취소된 적이 있습니다. 저작권을 가진 재단 측에서 반대했기 때문이죠. 소유권이 있어도 상업적으로 이용할 수 없다면 NFT의 앞날에 걸림돌을 넘어 굉장히 부정적인 영향을 끼칠 수 있어서 이 문제를 좀 더 심각하게 들여다볼 필요가 있습니다. 이 문제는 국가별로 다른 법률 체계라는 문제를 만나면 더욱 복잡해집니다. 이 문제를 어떻게 풀어야 할까요? 결국 NFT의 원조인 미국의 사례를 주목해야 합니다. 미국이 법률적으로 내부 정비가 되면 우리도 그 영향을 받을 것이기 때문입니다.

NFT가 가진 또 하나의 약점은 민팅(대체 불가능한 토큰에서 블록체인 기술을 활용해 디지털 콘텐츠에 대해 대체 불가능한 고유 자산 정보를 부여해 가치를 매기는 작업)을 비롯해 홍보에서 판매까지 모든 과정이 디지털로 이뤄진다는 점이죠. 60대 이상으로 인터넷에 능숙하지 못한 사람에게는 그림의 떡이 될 수 있습니다. 하지만 미국의 비트코인 거래 업체며 상장 회사인 코인베이스가 마스터카드로 NFT를 사고팔 수 있도록 협약한 점과 삼성전자가 NFT 마켓플레이스가 내장된 TV를 개발하겠다는 소식은 긍정적입니다. 2030세대뿐 아니라 외연을 확대하는 조치가 앞으로도 계속 나올 것입니다.

마지막으로 블록체인의 미래는 어떻게 될까요? 블록체인에 기반을 둔 1만 8,000개의 암호화폐 중에서 결국은 이더리움과 비트코인을 중심으로 몇 개 정도만 살아남을 확률이 높습니다. 블록체인은 이제 기술 싸움이 아니라 네트워크와 커뮤니티 싸움입니다. 지금까지의 승자가 앞으로도 승자가 될 가능성이 큽니다. NFT로의 확장성을 비롯해 여러 면에서 이더리움이 비트코인보다 유리하다고 예상합니다.

다만 블록체인에는 정치라는 외생 변수가 더 중요할 수 있습니다. 중국은 비트코인을 강력하게 규제하고 있고 미국은 시장의 자율에 맡기는 쪽입니다. 우리나라는 중국보다는 미국의 입장을 택할 것이라고 생각합니다. 앞으로도 인플레이션을 각국 정부가 잡지 못하는 한 비트코인을 필두로 한 몇몇 암호화폐는 계속 승승장구할 것으로 보입니다. 은행 없이 송금할 수 있고 카드사를 통하지 않고도 결제할 수 있다는 장점에 익숙해지면 우리는 그 이전으로 돌아가기 힘듭니다. 비트코인은 러시아 우크라이나 전쟁으로 인한 고유가 인플레이션 상황에서도 힘을 발휘했지요. 신원을 감출 수 있는 장점 때문에 우크라이나에 지원금을 비트코인으로 송금하기도 하고 젤렌스키 우크라이나 대통령도 비트코인을 합법화하면서 은행에서 자유로운 거래를 할 수 있도록 했습니다. 탈중앙화된 비트코인이 휴머니즘의 가치를 적극 옹호할 수 있음을 증명한 셈이죠. 비트코인과 이더리움의 미래를 긍정적으로 생각하는 또 하나의 이유입니다.

참고로 비트코인은 중국이 강력히 규제하지만 메타버스에는 관심이 많은 게 분명합니다. 중국의 최대 인터넷 기업 텐센트가 손가락 끝의 감촉을 현실처럼 느끼는 햅틱 기술 업체 울트라이프에 투자한 것을 보면 알 수 있죠. 중국의 메타버스 시장이 9700조 원으로 조만간 1경에 이른다는 보도도 나온 바 있습니다.

역사적으로 살펴보면 시장에서 결국 돈을 번 사람들은 낙관론자이지 비관론자가 아닙니다. 미래 노동의 변화를 예상해 보면 이점을 분명히 알 수 있습니다. 결국 우리는 유럽처럼 주 4일제 노동이나 노동 시간 단축이 화두가 될 겁니다. 좋은 일자리가 등장하지 않는 4차 산업혁명 시대에 일자리를 늘리기 위해서는 이 방법 외에는 없습니다. 노동 시간이 줄어들면 필연적으로 여가 시간이 늘어납니다. 더 많은 시간과 돈을 문화 활동에 쓸 가능성이 커집니다.

또 하나의 노동 이슈는 코로나가 끝나고 나서도 지금 같은 재택근무 문화가 유지될 것인가의 질문이죠. 재택근무가 가지는 장점, 일의 생산성은 크게 줄지 않고 기업의 비용은 크게 감소할 수 있다는 점에서 재택근무의 인기가 코로나 이후에도 계속되리라 생각됩니다.

재택근무 회의 시 메타버스 기술의 도움을 받아 현실감과 몰입감을 느낄 필요가 있습니다. 이미 게더타운 같은 플랫폼은 이 기술을 적용해 현실과 거의 같은 수준의 회의를 할 수 있도록 업무 환경을 끌어올리고 있습니다. 대부분의 노동자들은 4차 산업혁명이 4차 실업혁명이 될 수 있음을 우려합니다. 기업들만 좋아하고 노동자들은 외면하는 인공지능 기술과 달리 재택근무에 필수적인 메타버스는 환영하고 있습니다.

기술은 너무 빠른 속도로 변화해 계속해서 신조어가 나오고 있고 이에 따라 세상이 바뀌고 있습니다. 메타버스와 NFT 등 문화도 급격한 변화를 겪는 중입니다. 모든 것이 변하고 있음은 불편한 진실입니다. 세상이 변하면 투자자도 변해야죠. 투자자라면 그 진실을 외면하지 않고 당당히 직면해서 그것을 이용할 줄 알아야 합니다. 이 책을 통해 그 이용법을 파악하는 데 조금이라도 도움이 되었기를 바랍니다.

끝으로 메타버스와 NFT로 경제적 자유를 얻고 문화를 즐기고 싶은 독자분들은 이 질문을 항상 머릿속에 새겨 두기를 바랍니다.

"새로운 부는 어디서 만들어져서 어디로 흐르는가?"

돈이란 헛된 기대에 부풀어 있는 도박꾼으로부터
정확한 확률이 어디에 있는지
아는 사람에게로 흘러들어 가게 마련이다.
랄프윈저

기회는 노크하지 않는다.
그것은 당신이 문을 밀어 넘어뜨릴 때 모습을 드러낸다.
카일 챈들러

투자의 비결은 당신의 직감을 신뢰하는 법을 배우는 것이 아니라,
그것을 무시하도록 자신을 훈련하는 것이다.

피터 린치

위험은 자신이 무엇을 하는지
모르는 데서 온다.
워런 버핏